資格を取ろう！

社労士試験
合否を分けるこの1点

目からウロコの突破術

社労士グループ24 著

三和書籍

「はじめに」

　日本マンパワーの「社会保険労務士 開業準備講座」は、毎年一月ころから六カ月間、毎週開かれ、今年も新しく社労士試験の難関を突破した人たちが多数受講しています。

　この講座は、先輩社労士たちが開業のノウハウを惜しげもなく披瀝し伝授するもので、開業を目指す社労士の卵にとっては、大変有益なものとして好評を博しています。

　また、講義終了後講師を囲んで、酒を酌み交わしながら語り合う場もあり、これを「裏講座」とか「裏講義」とか呼んでいますが、本音で語り合える場として多くの人が参加しています。

　その裏講座で将来の夢や不安を語り合っている中で、辛かった受験時代のことにも話が及び、ほとんどの人が、「この席で今語り合っていることが信じられない。本当に紙一重の差であった」という思いを持っています。

　「今、苦労している人たちに何か貢献しよう」

　「まだ知識が残っている間に、それぞれが持っている秘伝（？）の暗記術をとりまとめて伝えよう」

　ということになり、本書が誕生することになりました。年齢も経歴も異なる16人のサムライ（社労士の卵）が講座の合間を縫って、知恵と汗を出し合って出来上がったのがこの本です。

　「社労士試験、合否を分けるこの一点」というタイトルになったのは、私たちの中にも一点に泣いた経験を持つ者が何人かいて、その口惜しさをもう誰にも味わって欲しくない、少しでも現在勉強中の皆さんの知識の整理に役立ちたいとうことを願ったためです。

第1部「社労士合格へのサプリメント」(資料編)には、本書を読まれる方の知識をさらに補強出来るようにとの思いを込めて「16人の(秘)暗記術」を掲載しました。中には今までにない画期的な一次方程式を利用した在老の控除額(停止額)の計算方法や平成17年4月1日から大改正された国民年金法関係の資料などもたくさん盛り込まれています。今社労士試験のために勉強されている人たちが、これらの資料によって合否を分けるあと1点が確実なものになるキッカケを掴んでいただければ幸いです。

　第2部の「社労士合格の秘訣」(合格体験記編)では、自信を失いそうになったり迷ったりしたときなどに目を通して、「破滅的な状態からでも合格した人がいる」ということを知っていただき勇気と希望を取り戻して欲しいと思います。

　この本が、皆さんの合格の栄冠を勝ち取られる一助になれば、私ども16人にとってもこの上ない喜びです。

　最後にこの本を上梓するにあたり、お励ましをいただいた全国社会保険労務士会連合会会長大槻哲也先生、種々アドバイスいただきました日本マンパワーの主任講師村中一英先生、同事務局の赤羽典久さんに、この場を借りて厚くお礼申し上げます。ありがとうございました。

平成17年6月　　　　　社労士グループ24

社労士グループ24

日本マンパワー主催の「社会保険労務士 開業準備講座」に参加している社会保険労務士のグループです。

・この開業準備講座の第24期生であること
・24時間社会に貢献できる社会保険労務士になりたい

という趣旨でグループ名をつけました。

合格のノウハウ・デューハウ

　社会保険労務士試験は、平成16年では6万5千人が応募し、4,850人が合格しています。10年前に比べても受験者数で2倍強に増えている非常に人気の高い国家資格ですが、合格率はここ10年間でも常に1桁台の難関試験でもあります。

　この本は、社会保険労務士試験に合格し、開業を目指している人たちのグループが、苦しい受験時代に培ったノウハウ・デューハウをそれぞれの形で伝授しようとするものです。

　社会保険労務士試験にチャレンジしようとしている人たちにとっては貴重な情報になるものと思います。

　それぞれの人が自分の夢に向けて頑張っておられると思いますが、本書をご覧になられた方が難関を見事にクリアされ、私ども社会保険労務士と共に社会的使命を果たしていかれる日が一日も早からんことを願っております。
成功をお祈りいたします。

　　夢に向かって頑張ってください。

全国社会保険労務士会連合会 会長
大 槻　哲 也

社労士試験、合否を分けるこの1点　目次

はじめに
推薦

第1部　社労士合格へのサプリメント　supplements

[労働基準法]

賃金支払の五原則の例外 2
法定労働時間と所定労働時間 2
年少者の労働 4
女性の労働 5
休業手当と休業補償 5

[労働者災害補償保険法]

業務起因性 6
障害（補償）給付の併合繰上げ（1）.......................... 7
障害（補償）給付の併合繰上げ（2）.......................... 7
特別加入制度の給付 9
遺族補償年金の年金額 9
労災の休業補償額の計算方法 10

[雇用保険法]

基本手当の所定給付日数 11
雇用保険で支給される給付金等の申請期限 13
雇用保険印紙と健康保険印紙 14
傷病手当金と出産手当金 15
任意継続被保険者 15

[国民年金法]

- 国民年金法一口メモ 16
- 種別変更の届出 16
- 老齢基礎年金のしくみ 17
- 老齢基礎年金のしくみ（付表） 18
- 老齢基礎年金の全部繰上げと一部繰上げ 19
- 老齢基礎年金の繰上げ、繰り下げ 21
- 国民年金の加算額と厚生年金の加給年金額 22
- 国民年金の保険料 24
- 若年者（20歳代）納付猶予制度 25
- 第三号被保険者の届出（空白期間の解消） 26
- 特別障害給付金について 27

[厚生年金保険法]

- 厚生年金保険の保険料について 25
- 在職老齢年金の支給停止額計算方法（1） 28
- 在職老齢年金の支給停止額計算方法（2） 31
- 厚生年金加入年数と重要事項 32
- 一方が支給停止の障害厚生年金の併給調整 33

[労働者派遣法]

- 派遣受入期間 34
- 同一の業務 35
- 派遣労働者の直接雇用について 36

[未払賃金の支払の確保に関する法律]

- 未払賃金の立替払い 38

[高年齢者等雇用安定法]
高年齢者等の雇用 40

[個紛法と均等法]
個紛法と均等法の要点 44

[児童手当法]
児童手当のしくみ 45

[育児介護休業法]
育児休業 47
育児休業と社会保険料 48
育児休業と介護休業 50
介護休業の取得回数制限の緩和 50
子の看護休暇 50

[介護保険法]
要介護認定・更新認定の流れ 51
保険給付等 52

[老人保健法]
老人保健 53
医療等に要する費用 54

[その他]
出生率 41
適用除外と被保険者 42

届出	42
追徴金と延滞金	43
子の養子縁組	55
待期期間	55
給付制限	55
罰則「不正な手段」と「不正の行為」	56
「停止」と「差し止め」	56
教育訓練技法	56
人間関係管理法のまとめ	57
労働経済白書、厚生労働白書関係、基本数値チェックリスト	59
ゴロ合わせ一覧表	61
料率、金額等	65

第2部 社労士合格の秘訣　secret of success

礒谷　哲夫	合格時年齢：35歳	受験回数2回	72
市沢　かおる	合格時年齢：46歳	受験回数7回	82
太田代　徹	合格時年齢：41歳	受験回数1回	88
大場　康夫	合格時年齢：63歳	受験回数3回	92
香川　忠成	合格時年齢：45歳	受験回数3回	97
金井　勉	合格時年齢：56歳	受験回数3回	101
窪田　陽一	合格時年齢：63歳	受験回数3回	106
下川原　篤史	合格時年齢：37歳	受験回数3回	110
鈴木　道生	合格時年齢：45歳	受験回数4回	115
戸嶋　淳	合格時年齢：32歳	受験回数3回	122
中村　俊之	合格時年齢：48歳	受験回数4回	128
生井　博隆	合格時年齢：42歳	受験回数2回	135
平沢　典彦	合格時年齢：31歳	受験回数1回	140
松木　将企	合格時年齢：36歳	受験回数1回	145
八島　則子	合格時年齢：55歳	受験回数2回	149
山本　佳子	合格時年齢：38歳	受験回数3回	154

編集後記

第 1 部

社労士合格へのサプリメント

supplements

【労働基準法】

賃金支払の5原則の例外

* 通貨払い： ・法令若しくは労働協約に別段の定めがある場合
　　　　　　・厚生労働省で定める賃金について、確実な支払いの方法で厚生労働省令で定めるものによる場合
* 全額払い： ・法令に別段の定めがある場合
　　　　　　・労使協定（届出不要）による賃金の控除の場合

法定労働時間と所定労働時間

法定労働時間－労基法32条に定める労働時間のことをいう。
　原則「1週40時間、1日8時間」。
　・特例措置　「1週44時間、1日8時間」
　　　　　　　→年少者には適用されない。
　　常時10人未満の労働者（パート・アルバイトも含む）を使用する以下に掲げる業種に該当する事業所。
　　① 8号　　　　㊙業
　　② 10号　　　㊙画、演劇業（映画の制作の事業を除く）
　　③ 13号　　　保㊙衛生業
　　④ 14号　　　㊙客娯楽業

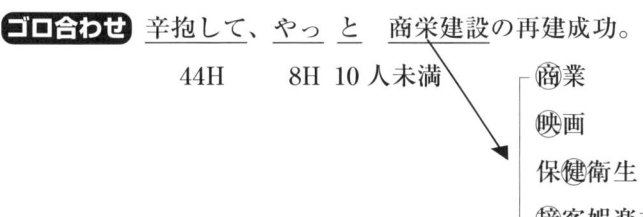

所定労働時間→就業規則その他これに準ずるものに定める労働時間
法定労働時間→労基法32条に定める労働時間

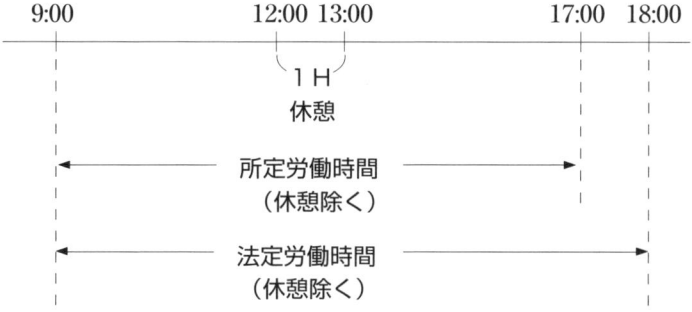

○月間法定労働時間の計算

$$40 \times \frac{28}{7} = 160 \text{（時間）}$$

$$40 \times \frac{30}{7} = 171.42$$

$$40 \times \frac{31}{7} = 177.14$$

小数点3位以下切り捨て

【労働基準法】

年少者の労働

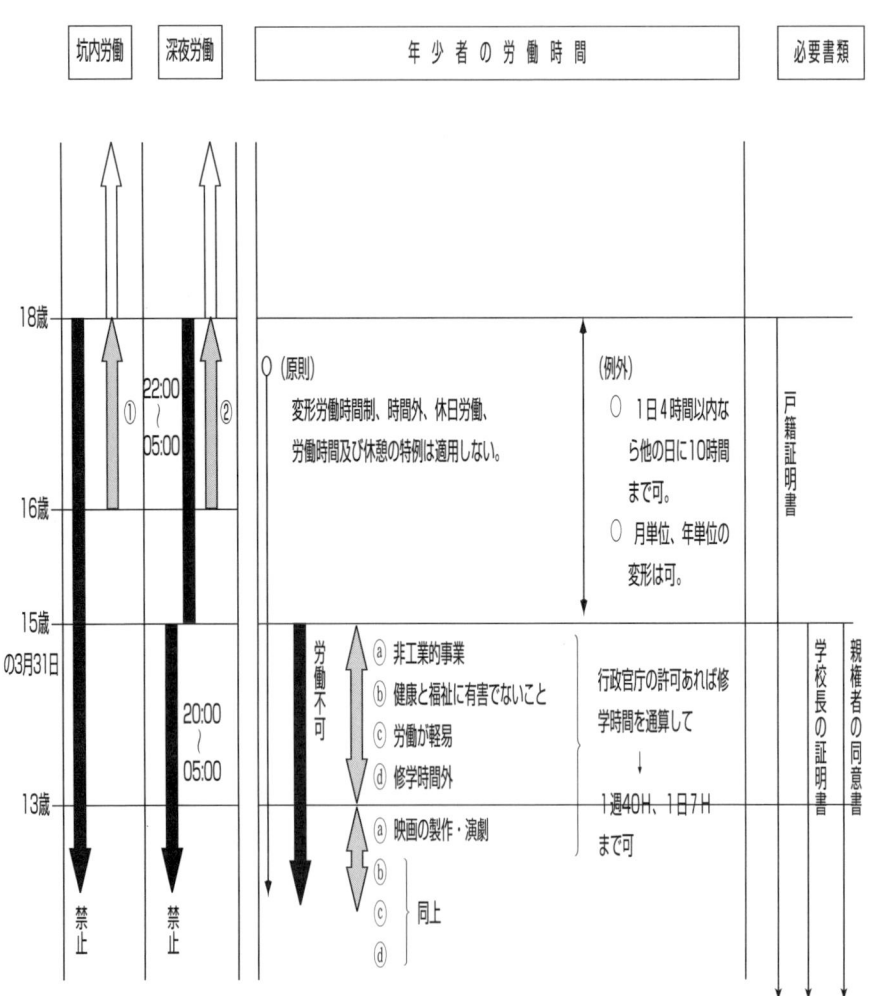

① 坑内労働－満18歳未満禁止、但し、16歳以上の男子は、認定職業訓練の限度で認められる。
② 深夜労働－満18歳未満禁止、但し、16歳以上の男子の交替制、交替制の事業で許可を受けた30分（男女）、非常災害時、農林水産・保健衛生・電話交換の業務は認められる。

【労働基準法】

女性の労働

	有害・危険 (24業務)	坑　内 ・臨時の必要 ・一定の業務 ・18才以上	深　夜	O/T、休日労働
妊　婦	×	×	請求あれば×	請求あれば×
産　婦	(×)	申出あれば×	請求あれば×	請求あれば×
それ以外 (18才以上)	(×)	○	○	○

坑内：原則禁止

妊婦 or 出産にかかる機能に有害である業務については、×とすることができる。

- 3業務×
- 19業務申出あれば×
- 2業務（第13号、第14号）○

【労働基準法】

休業手当と休業補償

	民　法	労基法
①使用者の責めに帰すべき事由	範囲が狭い （故意・過失）	範囲が広い （不可抗力以外）
②賃金保障	100% （訴訟で実現）	平均賃金の$\frac{60}{100}$ （強行法規）

- 休業手当＝平均賃金 × $\dfrac{60}{100}$
- 一部労働の場合の休業手当の額

  $10,000円 \times \dfrac{60}{100} - 4,000 = 2,000円$

  > cf. 労災の休業補償の額
  >
  > $(10,000-4,000) \times \dfrac{60}{100} = 3,600円$

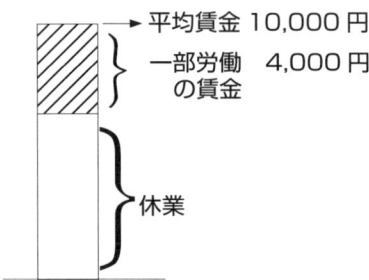

【労働者災害補償保険法】

業務起因性

区　分	業務起因性	
仕　事　中	○	反証事由があれば→×
休　憩　中	×	施設に欠陥があれば→○
出　張　中	○	反証事由があれば→×

【労働者災害補償保険法】

障害（補償）給付の併合繰上げ（１）

① 第13級以上の障害が２以上あるときは、重い方の障害等級を１級繰り上げる。

② 第８級以上の障害が２以上あるときは、重いほうの障害等級を２級繰り上げる。

③ 第５級以上の障害が２以上あるときは、重いほうの障害等級を３級繰り上げる。

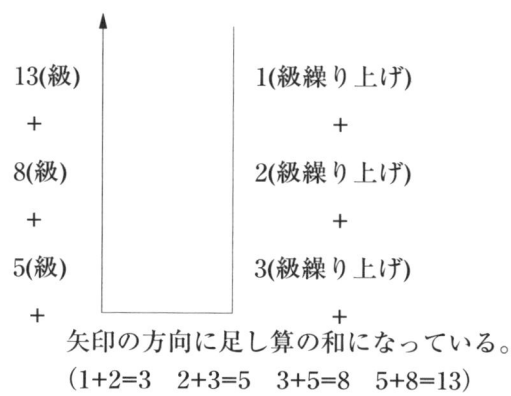

矢印の方向に足し算の和になっている。
（1+2=3　2+3=5　3+5=8　5+8=13）

障害（補償）給付の併合繰上げ（２）

同一の業務災害により二以上の身体障害が残った場合

① 併合（第14級が絡む場合）…… 重い方の障害等級とする

　　(ex)第12級＋第14級＝第12級

② 併合繰上げ（第13級以上が二以上ある場合）

　　…… 重い方を１～３級繰上げる

第13級以上の障害が二以上あるときは、重い方を１級繰上げる

第 8 級以上の障害が二以上あるときは、重い方を 2 級繰り上げる
第 5 級　　　　　〃　　　　　　　　3 級　　〃

＊繰上げることによって別々に補償するよりも、給付額を減らす意味がある。

(ex)第 13 級の障害と第 11 級の障害の場合、第 10 級となる。

第 13 級 ……（一時金）101 日分
第 11 級 ……（一時金）223 日分
　　合計すれば・・・324 日分
第 10 級 ……（一時金）302 日分

(ex)第 7 級の障害と第 5 級の障害の場合、第 3 級となる。

第 7 級 ……（年金）131 日分
第 5 級 ……（年金）184 日分
　　合計すれば・・・315 日分
第 3 級 ……（年金）245 日分

(ex)第 5 級の障害と第 4 級の障害の場合、第 1 級となる。

第 5 級 ……（年金）184 日分
第 4 級 ……（年金）213 日分
　　合計すれば・・・397 日分
第 1 級 ……（年金）313 日分

③ 併合繰上げの例外

第13級と第 9 級の障害が併合された場合、第 8 級の障害となるが、給付額は合算額となる。このケースだけが合算額の方が少ないからである。

第 13 級 ……（一時金）101 日分
第 9 級 ……（一時金）391 日分
　　合計すれば・・・492 日分
第 8 級 ……（一時金）503 日分

【労働者災害補償保険法】

特別加入制度の給付

* 通勤災害の療養給付について特別加入者の一部負担金は無い
* 特別加入者に対して支給される保険給付に係る給付基礎日額については、年齢別の最高・最低限度額は適用されない、スライドの適用はある。
* 特別加入者は二次健康診断等給付の対象外
* ボーナス特別支給金は支給されない

傷病補償年金の年金額

傷病等級	傷病補償年金の年金額
第1級	給付基礎日額の313日分
第2級	給付基礎日額の277日分
第3級	給付基礎日額の245日分

ゴロ合わせ　　　313　　　　277　　　245
　　　　　　サイ・サイ・サイ　　無難な　　富士子

障害補償年金の第1級から第3級の年金額も上記と同様。

遺族補償年金の年金額

遺族の数	遺族補償年金の額
1人	給付基礎日額の153日分（いちごさん） ただし、55歳以上の妻または厚生労働省令で定める障害のある妻は給付基礎日額の 175日分（いなご）
2人	給付基礎日額の201日分
3人	給付基礎日額の223日分
4人以上	給付基礎日額の245日分

暗記方法　2人から4人以上までは3桁の左の数字がすべて2。右2桁の数字が01・23・45と続いている。

【労働者災害補償保険法】
労災の休業補償額の計算方法

原　則

　　　給付基礎日額×$\frac{60}{100}$※

　　※原則は労基法12条の平均賃金に相当する額。

　　　最高限度額が適用される場合はその額（1年6カ月経過後）。

一部労働の場合

　　（給付基礎日額－一部労働の賃金）×$\frac{60}{100}$

● 最高限度額が適用される場合の、一部労働時の休業補償の額。

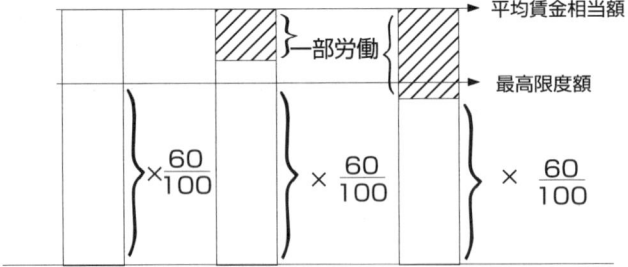

【雇用保険法】

基本手当の所定給付日数

① 一般の離職者（②、③以外の受給資格者）

算定基礎期間	20年以上	10年以上20年未満	10年未満
全　年　齢	150日	120日	90日

② 就職困難者である受給資格者

年齢　＼　算定基礎期間	1年以上	1年未満
45歳以上65歳未満	360日	150日
45歳未満	300日	150日

③特定受給資格者

算定基礎期間 年齢	20年以上	10年以上 20年未満	5年以上 10年未満	1年以上 5年未満	1年未満
60歳以上 65歳未満	240日	210日	180日	150日	90日
45歳以上 60歳未満	330日	270日	240日	180日	
35歳以上 45歳未満	270日	240日	180日	90日	
30歳以上 35歳未満	240日	210日	180日	90日	
30歳未満	−	180日	120日	90日	

暗記方法

日数を全て30日で割って覚える！

①（②、③以外の受給資格者）

算定基礎期間	20年以上	10年以上20年未満	10年未満
全年齢	5	4	3

② 就職困難者である受給資格者

算定基礎期間　年齢	1年以上	1年未満
45歳以上65歳未満	12	5
45歳未満	10	5

③特定受給資格者

算定基礎期間 年齢	20年以上	10年以上 20年未満	5年以上 10年未満	1年以上 5年未満	1年未満
60歳以上 65歳未満	8	7	6	5	3
45歳以上 60歳未満	11	9	8	6	
35歳以上 45歳未満	9	8	6	3	
30歳以上 35歳未満	8	7	6	3	
30歳未満	−	6	4	3	

【雇用保険法】

雇用保険で支給される給付金等の申請期限

1ヵ月
  ・教育訓練給付金　　・再就職手当
  ・常用就職支度手当　・移転費

2ヵ月の月末
  ・育児休業者職場復帰給付金　　・介護休業給付金

4ヵ月の月末
  ・育児休業基本給付金

4ヵ月
  ・高年齢雇用継続基本給付金
  ・高年齢再就職給付金

ゴロ合わせ　チョット品がないかもしれませんが……

<u>今日も</u> <u>一回</u>、<u>正常</u> <u>位</u>でもう<u>一回</u>。<u>二階</u>の<u>隅</u>に<u>復帰</u>。
教育訓練／1ヵ月／再就職手当・常用就職支度手当・移転費／1ヵ月／2ヵ月の月末・介護休業給付金／月末／職場復帰給付金

<u>時候</u>のあいさつに行くのは<u>最後</u>。
4ヵ月・高年齢／育児／月末

【雇用保険法】

雇用保険印紙と健康保険印紙

	雇用保険印紙	健康保険印紙
消　印	支払の都度 貼付・消印	使用する日 ごとに 貼付・消印
購　入	郵便局	郵便局
納付計器	○ 県労働局歳入徴収官	×
印紙の種類	96 円 146 円 176 円	第 1 級〜 第 13 級までの 13 種類
ゴロ合わせ	こしはらい 腰払い（＝雇支払い）	けんしょう 懸賞（＝健使用）

【健康保険法】

傷病手当金と出産手当金

傷病手当金と出産手当金との調整（法103条）

○ 同時に支給される場合は、傷病手当は支給しない（傷病手当は支給停止）

○ 傷病手当が先に支払われたときは、出産手当金の内払いとみなす

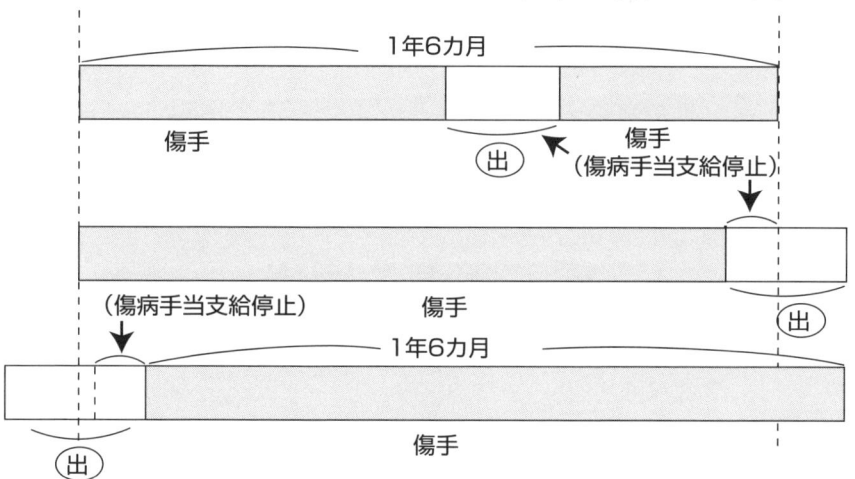

●傷手、出手は、国保には原則としてありません。任意給付です。

任意継続被保険者

任意継続被保険者、2（ツー・ツー・ツー）の法則＝2月、20日、2年

* 資格喪失日の前日まで継続して2月以上強制被保険者または任意包括被保険者
* 資格喪失日から20日以内に申請
* 任意継続被保険者となった日から起算して2年を経過したとき、その翌日に資格喪失

【国民年金法】

国民年金法一口メモ

政府が管掌 ── 一部は、市町村（事務のみ）

被用者年金各法 ← 船員保険法は入らない

第2号
第3号 ＞ は、任意加入被保険者の対象から除外されている

60歳～65歳　　任意加入の申出 → 長官
　　　　　　　　　　　　申出をした日に資格取得
　　　　　　　資格喪失の申出 → 長官
　　　　　　　　　　　　受理された日に喪失

種別変更の届出

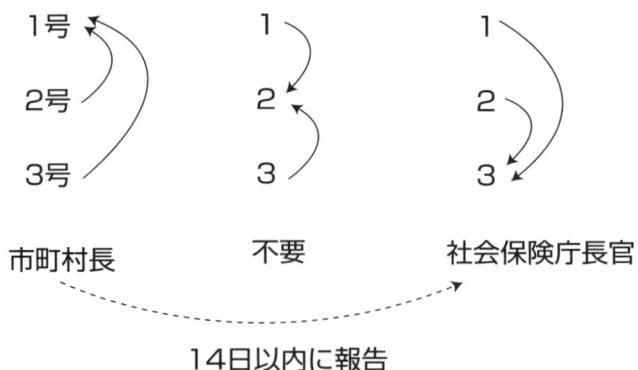

市町村長　　　　不要　　　　社会保険庁長官

　　　　　　14日以内に報告

受給権者の現況届 ⟶ 誕生月の月末

【国民年金法】

老齢基礎年金のしくみ

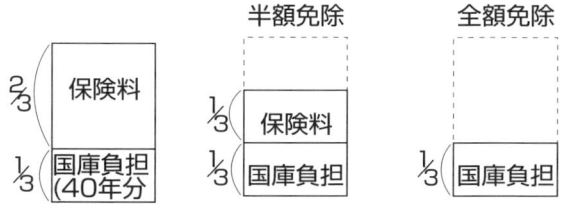

年金額の計算方法

（例１）

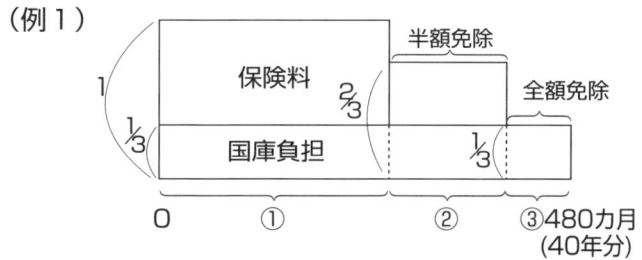

①、②、③の面積を求めることによって年金額が計算できる。

$A = ①の月数 \times 1 + ②の月数 \times \frac{2}{3} + ③の月数 \times \frac{1}{3}$

年金額 $= 794{,}500 \times \dfrac{A}{480}$

（例２）

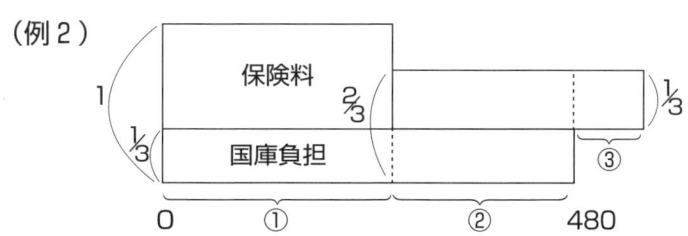

$A = ①の月数 \times 1 + ②の月数 \times \frac{2}{3} + ③の月数 \times \frac{1}{3}$

年金額 $= 794{,}500 \times \dfrac{A}{480}$

　国庫負担は、平成21年度までに段階的に2分の1に引き上げられることとされている。付表参照。

老齢基礎年金のしくみ（付表）

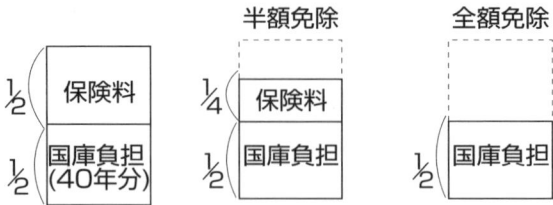

年金額の計算方法

（例1）

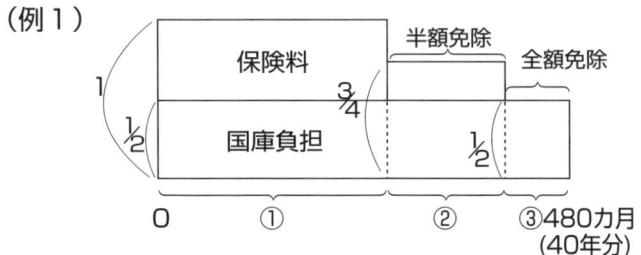

①、②、③の面積を求めることによって年金額が計算できる。

$A = ①の月数 \times 1 + ②の月数 \times \frac{3}{4} + ③の月数 \times \frac{1}{2}$

年金額 $= 794{,}500 \times \dfrac{A}{480}$

（例2）

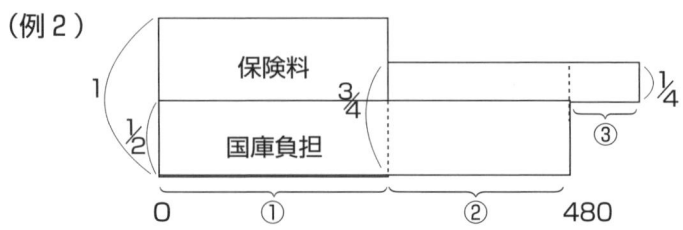

$A = ①の月数 \times 1 + ②の月数 \times \frac{3}{4} + ③の月数 \times \frac{1}{4}$

【国民年金法】

老齢基礎年金の全部繰上げと一部繰上げ

昭和16年4月2日～昭和24年4月1日生まれの男子
(昭和21年4月2日～昭和29年4月1日生まれの女子)の場合

(例)
60歳　　　62歳　　　　　65歳

| 報酬比例部分100万円(年額) | 老齢厚生年金100万円 |
| 定額部分80万円(年額) | 老齢基礎年金 80万円 |

①60歳から全部繰上げの請求をすると

この部分を全部繰上げる

基礎年金減額
0.005×60 カ月 $= 0.3$
減額された老齢基礎年金
$80 \times (1 - 0.3) = 56$ 万円

100万円

定額部分(支給停止)

支給額　$100 + 56 = 156$ 万円

56万円　減額された老齢基礎年金

②60歳から一部繰上げの請求をすると

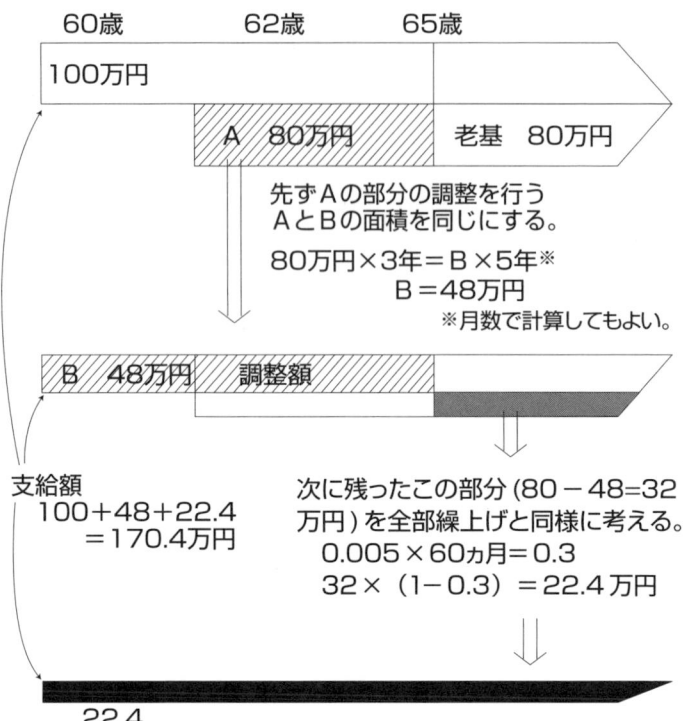

【国民年金法】
老齢基礎年金の繰り上げ、繰り下げ

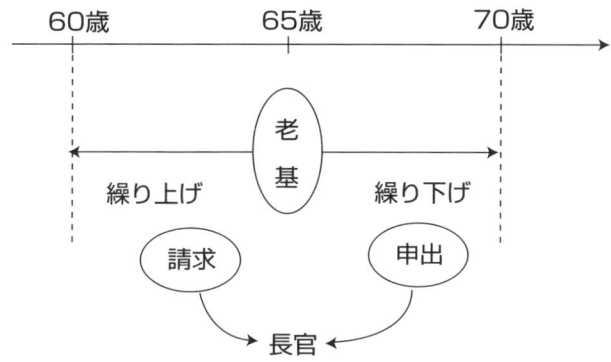

ゴロ合わせ （松本）清張は、紳士
　　　　　　　　　請　長　　申
　　　　　　　　　求　官　　出

国民年金の加算額と厚生年金の加給年金額

対象者 基礎年金	配偶者	子
老齢基礎	×	×
障害基礎	×	○
遺族基礎	×	○

×→○
○→×
にすると、→

対象者 厚生年金	配偶者	子	
老齢厚生	○	○	①
障害厚生	1、2級 ○	×	②
遺族厚生	中高齢寡婦 ○	×	③

①の加給が行われる時期（権利取得時期）

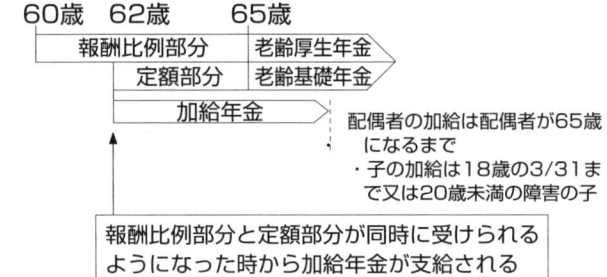

②どの時点の配偶者を対象に加給されるか

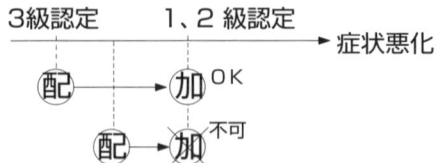

③中高齢寡婦加算

(イ) 子のない妻(夫の死亡当時35歳以上65歳未満の妻)

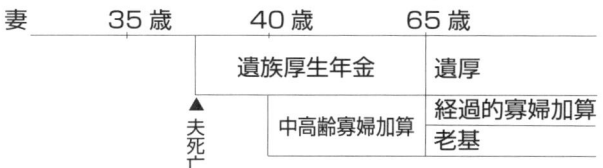

(ロ) 子のある妻(35歳に達した時、夫の死亡時から生計を同じくしている遺族基礎年金の受給資格を持っている子のある妻)

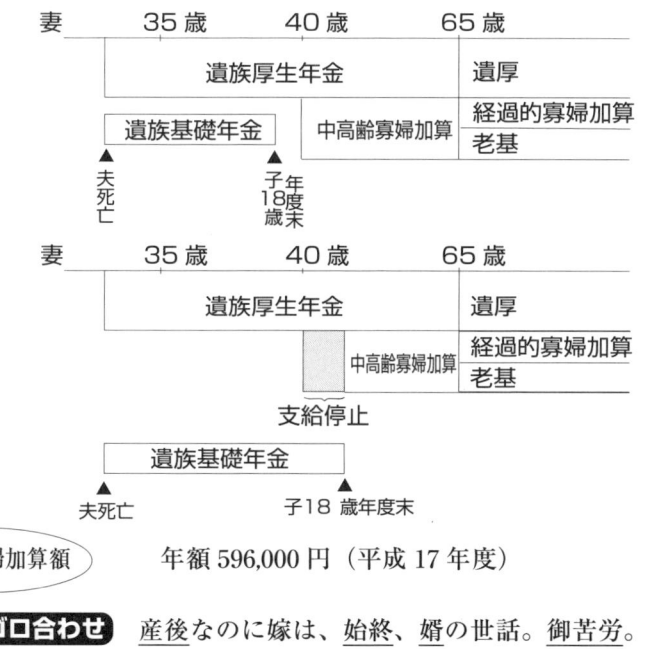

中高齢寡婦加算額　年額596,000円（平成17年度）

ゴロ合わせ 産後なのに嫁は、始終、婚の世話。御苦労。
　　　　　　　 35　　　　　　40　65　　　596,000

● 経過的寡婦加算

妻が昭和31年4月1日以前生まれであるとき、65歳に達した月以後、経過的寡婦加算が支給される（65歳以降に、遺族厚生年金の受給権者となった妻にも加算される）。

経過的寡婦加算額＝中高齢寡婦加算額　－　老齢基礎年金額　×　改定率　× *$(0 \sim \frac{348}{480})$

*妻の生年月日に応ずる率

【国民年金法】

国民年金の保険料

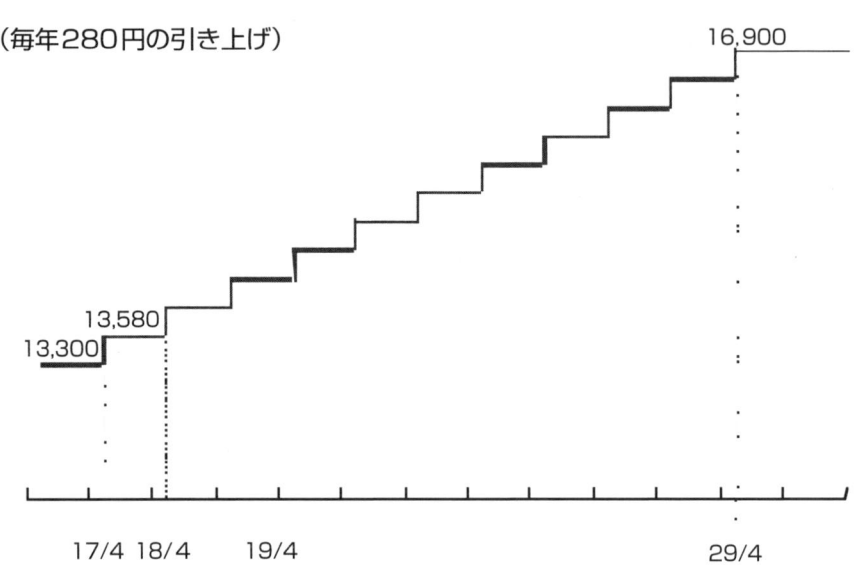

① **保険料額**

　保険料の額は、平成17年4月1日から毎年280円引き上げた額に保険料改定率を乗じて得た額とする（国年法87条第3項）

　平成29年4月1日以降は、16,900円となる。

② **保険料の納付義務者**

　保険料納付義務は、被保険者自身のみでなく世帯主および配偶者にも連帯して負わせている（国年法88条）

　＊厚生年金法の場合は、納付義務者は、事業主。ただし第四種被保険者は、被保険者自身。

【厚生年金保険法】

厚生年金保険の保険料について

　平成16年法律104号によって保険料率が改正された。

　平成16年10月から毎年1,000分の3.54ずつ引き上げられ（平成29年9月のみ1,000分の1.18）、平成29年9月に1,000分の183.00になり、固定される。

（毎年1,000分3.54の引き上げ）

適用月	保険料率（原則）
平成16年　9月まで	1,000分の135.80
平成16年10月～平成17年8月	1,000分の139.34
平成17年　9月～平成18年8月	1,000分の142.88
平成18年　9月～平成19年8月	1,000分の146.42
:	:
平成27年　9月～平成28年8月	1,000分の178.28
平成28年　9月～平成29年8月	1,000分の181.82
平成29年　9月～	1,000分の183.00

【国民年金法】

若年者（20歳代）納付猶予制度

（附則第19条、平成14法98）

　平成17年4月1日より導入された制度。

　従来は、所得が一定以上の世帯主と同居している場合には保険料免除の対象にはならなかった。

　　対象者：平成17年4月1日より、20歳代である期間に該当する者
　　用　件：本人（配偶者を含む）の所得が一定額以下
　　　　　　　2005年度の所得基準額＝
　　　　　　　　57万円＋（控除対象配偶者＋扶養親族の数）×35万円
　　申請先：社会保険庁長官
　　効　果：①承認を受けた期間は、老齢基礎年金の受給要件期間に含まれる。
　　　　　　②本来の納付期限から10年以内であれば追納できる。ただし2年以上経過後は、保険料に一定の加算がかかる。
　　　　　　③承認を受けた期間は、未納の期間とはならない。

【国民年金法】

第三号被保険者の届出
（空白期間の解消）

従来
届出漏れに気づいた場合、さかのぼって認められるのは、2年間のみ。

⬇

平成17年4月1日以降
届出を遅滞したことについて、やむを得ない事由があると認められるときは、社会保険庁長官にその旨の届出をすることができる。（国年法第7条の3第2項）

● 届出の効果

　　　届出が行われた日以後
　　　　　　↓
　　　届出に係る期間⇒保険料納付済期間に算入する。(国年法第7条の3第3項)

● 受給権者に対する効果

　　　届出のあった日の属する月の翌月から⇒年金額の改定

【特定障害者に対する特別障害給付金に関する法律】

特別障害給付金について

　平成17年4月1日より、「特定障害者に対する特別障害給付金の支給に関する法律」が施行されました。これは、国民年金の任意加入期間に加入しなかったことにより障害基礎年金等を受給していない障害者に、国民年金制度の発展過程において生じた特別な事情にかんがみ、福祉措置として創設されたものです。

対象者：①昭和61年3月31日以前に、国民年金任意加入対象であった被用者（厚生年金、共済組合等の加入者）の配偶者
　　　　②平成3年3月以前に、国民年金任意加入対象であった学生

であって、当時、任意加入していなかった期間内に初診日のある障害のため、現在障害基礎年金1級、2級相当の障害に該当する者
なお、障害基礎年金や障害厚生年金、障害共済年金などを受給することができる者は対象にならない。

支給額　：1級に該当する者―――月額5万円
　　　　　2級に該当する者―――月額4万円

- 支給額は、毎年度物価の変動により改定される。
- 本人の所得により、支給が全額または半額、制限される場合がある。
- 老齢年金、遺族年金、労災補償等を受給している場合は、その受給額相当は、支給されない。また経過的福祉手当を受給している者は当該手当の支給が停止される。
- 給付金は、認定を受けた後、請求月の翌月分から支給される。
- 支払いは、偶数月。

申請手続　：住所地の市区町村
審査・認定：社会保険庁長官

【厚生年金保険法】

在職老齢年金の支給停止額計算方法（1）

[1] 60歳代前半（平成17年4月1日より、基本月額一律20％カットが廃止され以下のようになる）

　　　基本月額　＋　総報酬月額相当額 ≦ 28万円

【基本月額＝老齢厚生年金の額（加給年金額を除く）÷12】

　　　　　　　　　⇩
　　　　　　　カットなし

　　　基本月額　＋　総報酬月額相当額 ＞ 28万円
　　　（Y）　　　　（X）

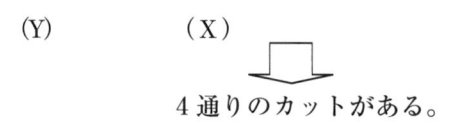

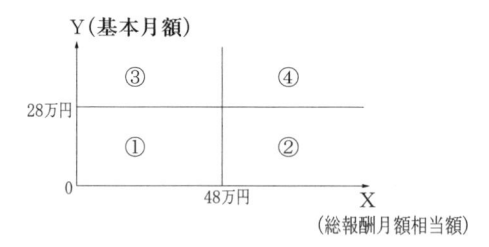

　　　　　　　　　⇩
　　　　　4通りのカットがある。

Y（基本月額）

　　　③　　　　④
28万円
　　　①　　　　②
　0　　　　48万円　　　　　X
　　　　　　　　　（総報酬月額相当額）

上図の①、②の範囲のケースの計算は、中学校時代勉強した一次方程式 $Y+X=a$ を利用すると便利である。

例えば、基本月額が20万円、総報酬月額相当が40万円とするとこの点はグラフではAとなる。

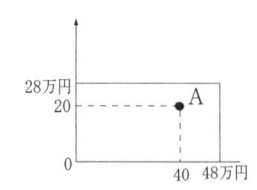

28万円
20　　　・A
　0　　40　48万円

次にAを通り勾配-1のグラフを書く。

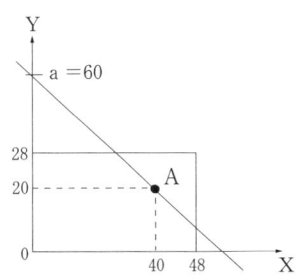

Y軸との交点が a =60 が、
Y＋X＝60のY切片となる。
(20+40=60)

これを利用すると、①のケースは

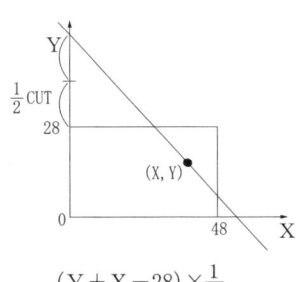

$(Y＋X－28)×\frac{1}{2}$
$=(60－28)×\frac{1}{2}$
$=32×\frac{1}{2}=16$

となる。

②のケースは、
まずXを48まで平行移動
した額をCUTする。
あとは①のケースと同じ。

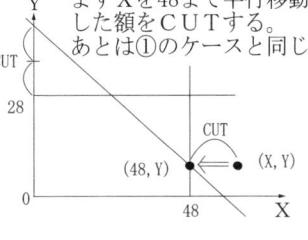

$(X－48)+(Y+48－28)×\frac{1}{2}$

③と④のケースは X の額のcutだけである。
　　③のケース　　　　　　　　　④のケース

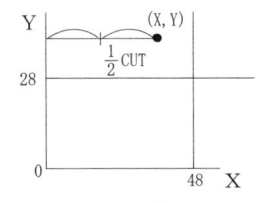

$X×\frac{1}{2}$

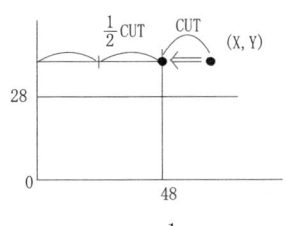

$(X－48)+48×\frac{1}{2}$

[2] 60歳代後半

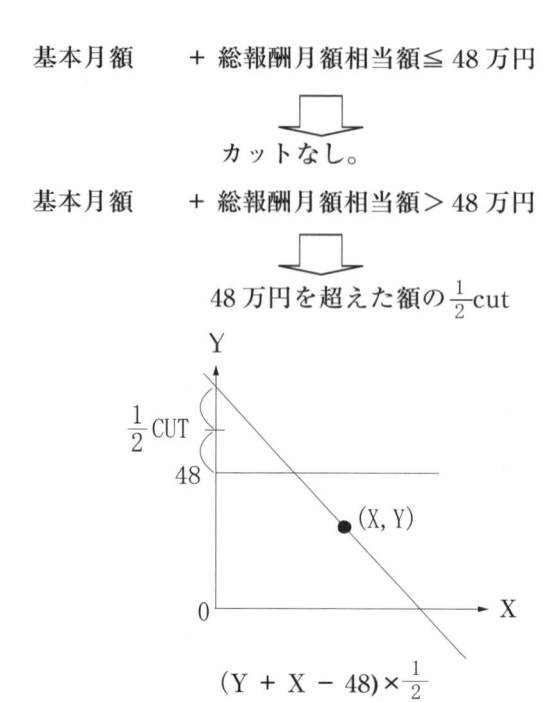

基本月額 ＋ 総報酬月額相当額 ≦ 48万円

⬇

カットなし。

基本月額 ＋ 総報酬月額相当額 ＞ 48万円

⬇

48万円を超えた額の $\frac{1}{2}$ cut

$\frac{1}{2}$ CUT

48

(X, Y)

$(Y + X - 48) \times \frac{1}{2}$

但し、60歳代後半の「基本月額」には老齢基礎年金を含まない。

【厚生年金保険法】

在職老齢年金の支給停止額計算方法（2）

S：総報酬月額相当額　　K：基本月額

1) 65歳以上：　　　（S＋K－48）× 1/2（老齢基礎年金は除く）
2) 65歳未満：　　　基本型（S＋K－28）× 1/2 ＋（S－48）

をまず覚え下記ルールを当てはめればよい。

イ）S＞48の時　左側カッコ内の　S＝48　とする。
ロ）S≦48の時　右側カッコ内の　S－48　をゼロとする。
ハ）K＞28の時　左側カッコ内の　K－28　をゼロとする。
ニ）K≦28の時　なにもしないでそのまま。

＊ イ、ロ、ハ の作業以外はいっさい考えないで計算すればよい。ただし、
　（S＋K）＜28 の時は全額支給

■ 計算の例示　（65歳未満の場合）
＊ S＝50、K＝26のケース：イ）、ニ）を参照
　S＞48のため右側はそのままに（50－48）で、左側は（48＋26－28）× 1/2　と置き換える。
　（48＋26－28）× 1/2 ＋（50－48）＝ 25　で控除額は25万円となる。

* S＝35、K＝15のケース：ロ）、ニ）を参照

　S≦48のため右側はゼロとなり、左側はK≦28　なのでそのまま数字を当てはめる。

　（35＋15－28）×1/2　＋0＝11　で控除額は11万円となる。

* S＝35、K＝30のケース：ロ）、ハ）を参照

　S≦48のため右側はゼロ、左側は35×1/2と置き換える。

　35×1/2＝17.5で　17.5万円の控除額となる。

* S＝50、K＝30のケース：イ）、ハ）を参照

　S＞48、K＞28なので右側は50－48、左側は48×1/2と置き換える。

　48×1/2＋（50－48）＝26となり26万円の控除額となる。

【厚生年金保険法】

厚生年金加入年数と重要事項

被保険者期間	内容
1カ月以上	老齢基礎年金の受給資格期間があれば厚生年金の受給権あり（65歳以上）
1年以上	老齢基礎年金の受給資格期間があれば特別支給の老齢厚生年金の受給権あり（60歳以上）
20年以上	加給年金の受給権あり
配偶者が20年以上の厚生年金期間	加給年金受給権なし
25年以上	厚生年金期間（保険料納付済期間と保険料免除期間を合算した期間）だけで受給権発生

【厚生年金保険法】
一方が支給停止の障害厚生年金の併給調整

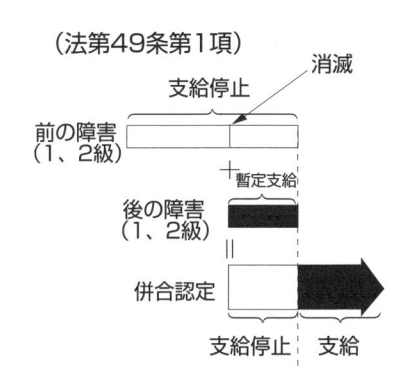

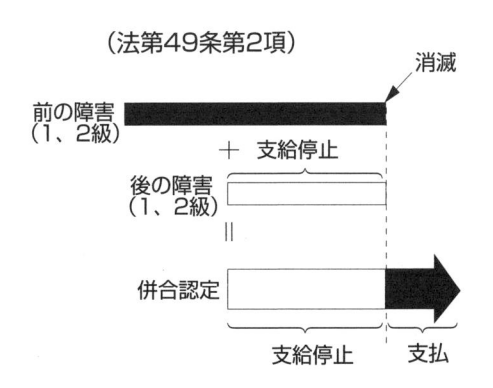

（法第49条第1項）

```
　　　　　　支給停止　　消滅
前の障害　┌────────┬─┐
（1、2級）└────────┴─┘
　　　　　　　　＋　┌─┬暫定支給
　　　　　　　　　　│ │■■■
後の障害　　　　　　└─┴───
（1、2級）　　　　＝
　　　　　　　　　　┌──┬──────▶
併合認定　　　　　　│　　│■■■■■
　　　　　　　　　　└──┴──────
　　　　　　　　　　支給停止　支給
```

（法第49条第2項）

```
　　　　　　　　　　　　　　　消滅
前の障害　┌──────────────┐
（1、2級）└──────────────┘
　　　　　　　＋　　支給停止
後の障害　　　┌──────────┬──┐
（1、2級）　　└──────────┴──┘
　　　　　　　＝
併合認定　　　┌──────────┬──▶
　　　　　　　│　　　　　　│■■
　　　　　　　└──────────┴──
　　　　　　　　　支給停止　　支払
```

・・・・・
法にある「期間を定めて支給を停止されている」とは、労基法の障害補償が受けられる間（6年間）は、障害厚生年金の支給が停止されることをいう。

[労働者派遣法]

派遣受入期間

	業務の種類	受入期間
①	②〜⑧以外の業務	最長3年まで（※1）
②	ソフトウェア開発等の政令で定める業務（「26業務」）	制限なし
③	3年以内の「有期プロジェクト」業務	プロジェクト期限内は制限なし
④	日数限定業務（※2）	制限なし
⑤	産前産後休業、育児休業等を取得する労働者の業務	制限なし
⑥	介護休業等を取得する労働者の業務	制限なし
⑦	製造業務（※3）	平成19年2月末までは1年（※4）
⑧	中高年齢者（45歳以上）の派遣労働者のみを従事させる業務	3年（平成17年3月末までの特例）

※1）1年を超える派遣を受けようとする場合は労働者の過半数代表の意見聴取が必要
※2）その業務が1箇月間に行われる日数が、派遣先の通常の労働者の所定労働日数の半分以下かつ10日以下の業務
※3）製造業務で、かつ、②〜⑥の業務に該当する場合は、②〜⑥が適用される
※4）平成19年3月以降は、①と同様に最長3年まで可能になる

【労働者派遣法】

同一の業務

　派遣受入期間の制限のある業務については「同一の業務」であるか否かが問題となる。派遣先は、派遣先の事業所その他派遣就業の場所ごとの同一の業務について、派遣元事業主から派遣可能期間を超える期間、継続して労働者派遣の役務の提供を受けてはならない。（法40条の2）

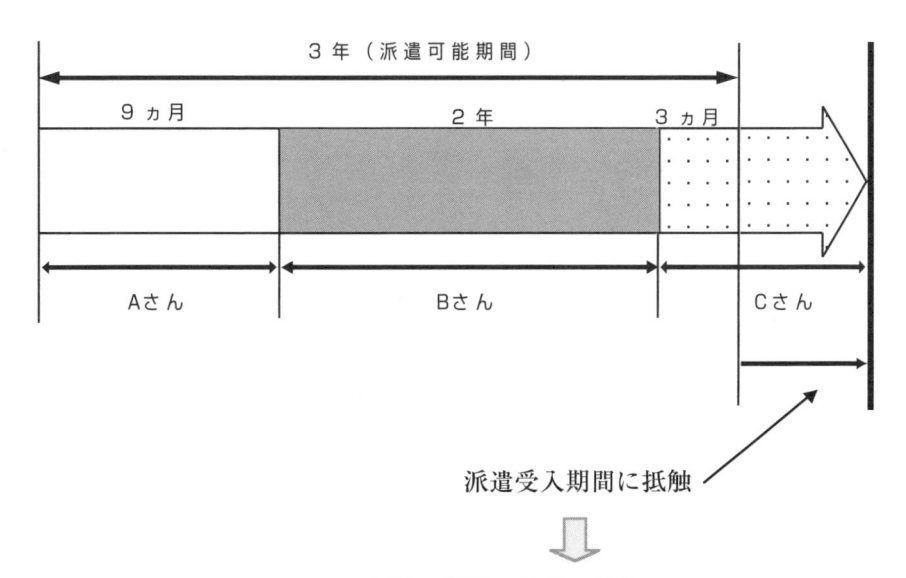

```
←―――――― 3年（派遣可能期間）――――――→
  9ヵ月        2年         3ヵ月
  Aさん        Bさん               Cさん
```

派遣受入期間に抵触

⇓

大臣の指導、助言、勧告
Cさんに対し「雇用契約の申込をすべきこと」

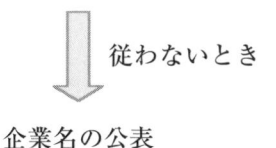

⇓ 従わないとき

企業名の公表

【労働者派遣法】
派遣労働者の直接雇用について

①派遣受入期間の制限がある業務の場合で派遣労働者が希望する場合
　（法40条の3）

　派遣先：期限後同一業務につき労働者を雇い入れたいときであって派遣労働者が

◎ 同一の業務について、継続して1年以上派遣労働者を受け入れている派遣先で、

◎ 派遣期間終了後引き続き雇用されて同一業務に従事することを希望する場合で、

◎ 派遣期間終了日から7日以内に派遣元との雇用関係が終了する場合には、

派遣先は、遅滞なくその派遣労働者を雇い入れるよう努めるものとする
（雇用するなら派遣労働者を優先的に雇用するようにとの努力義務である）

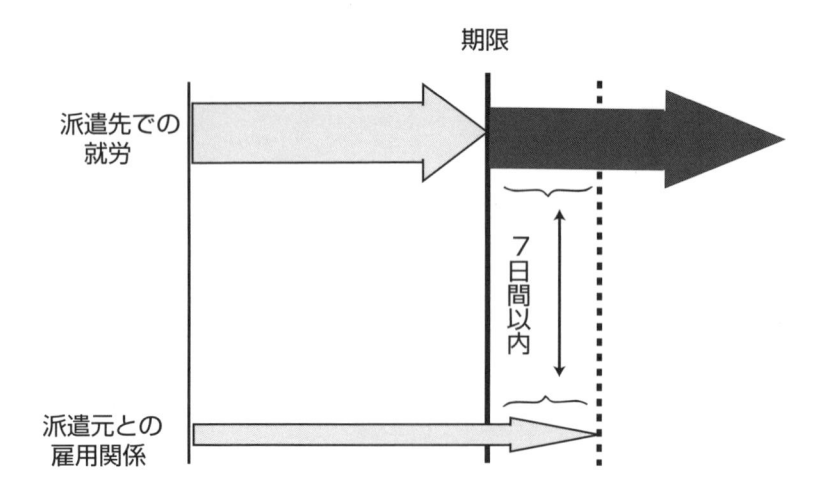

② 派遣受入期間の制限がある業務の場合で派遣先が希望する場合
　(法40条の4)

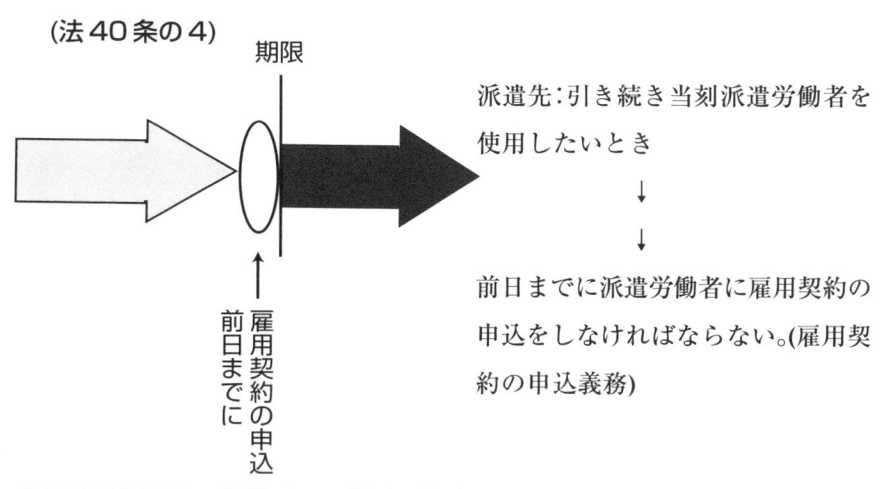

期限 ｜ 雇用契約の申込前日までに

派遣先：引き続き当刻派遣労働者を使用したいとき
↓
↓
前日までに派遣労働者に雇用契約の申込をしなければならない。(雇用契約の申込義務)

③派遣受入期間の制限がない業務の場合

(法40条の5)

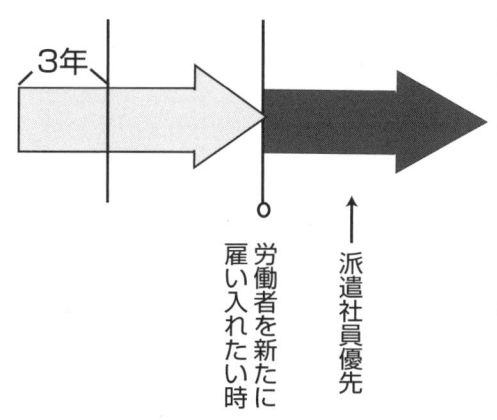

3年 ｜ 労働者を新たに雇い入れたい時 ｜ 派遣社員優先

派遣先が同一の業務に同一の派遣労働者を3年を超えて受け入れており、その業務の遂行のため新たに労働者を雇い入れたいときは、まず、「派遣社員に雇用契約の申込」をしなければならない。　(雇用契約の申込義務)

＜申込義務に違反する派遣先に対しては＞
　厚生労働大臣が、指導・助言の上、勧告、従わないときは、企業名を公表することがある。

【賃金の支払の確保等に関する法律】
未払賃金の立替払い

　労災保険の適用事業(1年以上)の事業主が破産宣告を受けたこと等により退職労働者の賃金（退職金も含む）が支払えないとき立替を行なう。（賃金の支払の確保等に関する法律第7条）

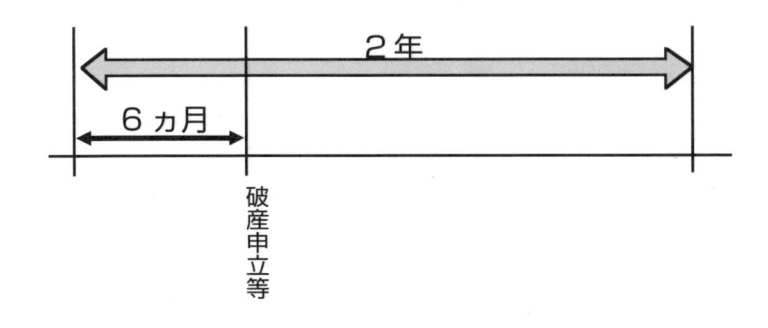

```
        ←──────── 2年 ────────→
  ←─6ヵ月─→
              │
             破産
             申立
             等
```

　　　　　　　　　請求
　請求権者　──────→　労働者健康福祉機構

　　[請求権者]　・・・最初の破産等申立日の6カ月前から2年以内
　　　　　　　　　　に退職した者（令3条）

　　[立替払の額]　・未払賃金総額(退職金も含む)の80％相当額
　　　　　　　　　・20,000円未満は除く

基準退職日における年令による上限

年齢区分	①未払賃金総額の限度額	②立替払の上限(①×80%)
30歳未満	110万円	88万円
30歳～45歳未満	220万円	176万円
45歳以上	370万円	296万円

ゴロ合わせ ミヨコさん、急いで、1, 2, 3、1, 2, 3, 4 ハトバスが出るよ。
　　　　　　30～45歳未満　　　　　　　　　　80%

年齢区分	未払賃金総額の限度額	
	3桁目	2桁目
	1	1	→ 110万円
30歳～45歳未満	2	2	→ 220万円
	3	3, 4 (7)	→ 370万円

【高年齢者等の雇用の安定等に関する法律】

高年齢者等の雇用

法8条 定年を定める場合の年齢	定年の定めをする場合は60歳を下回ることは出来ない。（罰則規定なし）
法9条(現行) 定年後の継続雇用制度の導入等	定年（65歳未満に限る）の定めをしている事業主は、当該定年の引上げ、継続雇用制度の導入 又は改善その他の当該高年齢者の65歳までの 安定した雇用の確保を図るために必要な措置を 講ずるよう努めねばならない。
法9条（改正、H18.4.1施行） 高年齢者雇用確保措置	定年(65歳未満に限る)の定めをしている事業主は、その雇用する高年齢者の65歳までの安定した雇用を確保するため、次の各号に掲げる措置（高年齢者雇用確保措置）を講じなければならない。 ① 当該定年の引上げ ② 継続雇用制度の導入 ③ 当該定年の定めの廃止 労使協定により、継続雇用制度の対象となる高年齢者に係る基準を定め、当該基準に基づく制度を導入したときは、「継続雇用制度の導入」の措置を講じたものとみなす。
附則第5条	法第9条第2項に規定する「協定をするため努力したにもかかわらず協議が調わないとき」は就業規則その他これに準ずるものにより労使協定の代替措置とすることができる。

附則第4条
定年の引上げまたは継続雇用により、安定した雇用の確保をしなければならない年齢は次のとおり

```
H18. 4. 1.    ～  H19. 3. 31.   62歳
H19. 4. 1.    ～  H22. 3. 31.   63歳
H22. 4. 1.    ～  H25. 3. 31.   64歳
H25. 4. 1.    ～                65歳
```

【その他】

出生率

出生率には二種類ある。
- ①普通出生率
    年央人口に対する一年間の出生数の割合
- ②合計特殊出生率
    15歳から49歳までの女性の年齢別の出生率を足し合わせて算出する。

計算式例：2002年の30歳女子人口は95万9千人
その人たちが産んだ赤ん坊の数は10万2千2百人
30歳の年齢別出生率は、赤ん坊の数を30歳人口で割る

10万2千2百人 ÷ 95万9千人 = 0.1066

同様に15歳から49歳までをそれぞれ計算して合計したものが2002年の合計特殊出生率である。
この合計値は、女性が一生の間に産む子供の数に相当すると考えられている。

＊現在の人口を維持するには、2.0以上必要であると言われています。

2001年········ 1.33
2002年········ 1.32
2003年········ 1.29
2004年········ 1.289

【その他】

適用除外と被保険者

	健康保険	厚生年金	雇用保険
日々雇い入れられる者	1ヵ月超えたら（被保険者）	1ヵ月超えたら（被保険者）	〔季節的業務〕 4ヵ月超える時は↓所定を超えたときから 但し、所定を超えた分を加えたTOTALでも4ヵ月を超えない時は除く
臨時に使用される者（2ヵ月以内）	所定の期間を超えたら	所定の期間を超えたら	
季節的業務に使用される者（4ヵ月超）	当初から	当初から	
臨時的事業（6ヵ月超）	当初から	当初から	

届 出

5日	（日雇）		健保	厚生年金（事業主）
10日	雇用			厚年 ＜ 船舶所有者／受給権者
14日		国年		

	雇用	国年法	健保法	厚年法
氏名変更届	㊤やかに（職安所長）	14日以内（市町村長）	遅滞なく 任継→⑤日（長官）	㊤やかに（事業主） 第④種 ⑩日 高任 受給権者 以内
ゴロ合わせ	こそくな職安		湿地帯で警護	則天四皇
死亡届		14日以内		10日以内

【その他】

追徴金と延滞金

	認定決定	追徴金	延納	延滞金※
概算保険料	○ある	×	可○	○徴収する
確定保険料	○ある	○徴収する 保険料 1000円 未満だと 徴収しない	×	○徴収する

※・追徴金には延滞金はかからない
　・督促した労働保険料が1,000円未満だと徴収しない
　・計算した延滞金100円未満だと徴収しない
　・納付義務者の住所が不明な場合、公示送達による督促をしたときは徴収しない

【個紛争と均等法】

個紛法と均等法の要点

個別労働関係紛争の解決の促進に関する法律

① 都道府県労働局長 の情報提供、相談その他の援助、助言、指導、勧告。

② 紛争調整委員会 の、あっせん
- ・都道府県に委員会を置く
- ・委員3人以上12人以内
- ・双方または一方からの申立によって開始
- ・事件ごとに会長が指名する3名のあっせん委員で行う
- ・あっせん委員全員の一致で「あっせん案」を作成

③ あっせん申立の効果

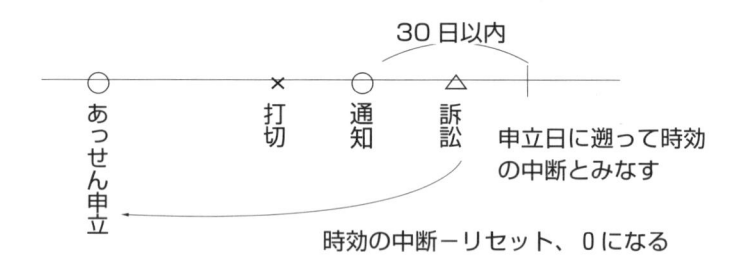

```
                          30日以内
   ○          ×     ○    △
  あ          打    通    訴    申立日に遡って時効
  っ          切    知    訟    の中断とみなす
  せ
  ん
  申
  立
                時効の中断－リセット、0になる
```

④〔募集・採用〕の場合の均等法と個紛法の比較

	自主的	局　　長	委員会
均等法	×	助言・指導・勧告 ○	調停 ×
個紛法	○	助言・指導 ○	あっせん ×

均等法→大臣の公表がある。（セクハラ除く）

個紛法→公表の対象にはなっていない。

【児童手当法】

児童手当のしくみ

「児童」の定義（法3条）…18歳に達する日以後の最初の3月31日までの間にある者

被用者年金加入者の所得制限	特例給付（付則6条） 被用者－事業主100% 公務員－国・地方公共団体100%	特例給付（付則8条） 被用者－4、1、1、 公務員－国・地方100%	被用者及び公務員のみ ↑
所得制限〔1〕	原則（4条） 　7、2、0.5、0.5 　（自営）4、1、1、 　（公務員）－国・地方100%	特例給付（付則7条） 被用者・自営－4、1、1、 公務員－国・地方100%	
		3歳　　　　　9歳(小学3年)	

支給額

○ 第1子、第2子については各1人月額5,000円、第3子以降は10,000円

　　　　親　　　　　　　　　　　　　親
　┌──┼──┐　　　　　┌──┼──┐
　子　子　子　　　　　　子　子　子
　15歳　8歳　5歳　　　　19歳　5歳　2歳
　5,000　5,000　10,000　　　　5,000　5,000
　　　計15,000円　　　　　　　計10,000円

○ 認定の請求を行った翌月から、支給事由が消滅した月まで

○ 認定は、市町村長。不服申立は知事に。

○ 支払月は、2月、6月、10月の3期に分け、それぞれ前月分まで行う。

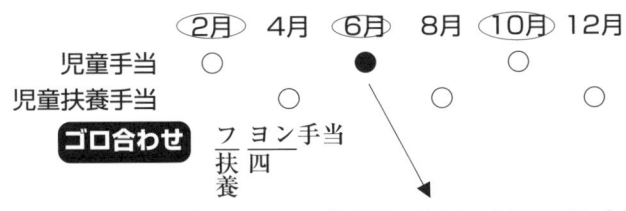

　　　　　　　②月　4月　⑥月　8月　⑩月　12月
　児童手当　　　○　　　　●　　　　○
　児童扶養手当　　　○　　　　○　　　　○

ゴロ合わせ　フ　ヨン手当
　　　　　　　扶　四
　　　　　　　養

現況届け－6/1の状況を6月中に市町村長に提出

暗記方法

First Step　まず原則(法4条)に該当する者が日本国内に居住するとき(所得制限あり)に支給する(S46.法73)。キーワードは、3歳未満と所得制限。

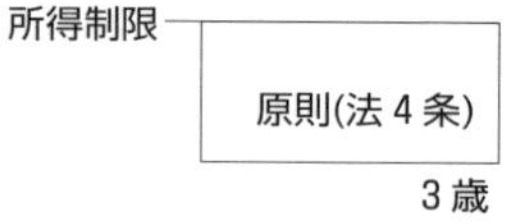

```
所得制限 ┌─────────┐
         │原則(法4条)│
         └─────────┘
              3歳
```

法が制定された時は、この部分だけであった。つまり一定の所得以下で3歳未満の児童を養育する者に手当を支給するものであった。

費用負担は、以下のとおり。

```
公務員      国、地方公共団体がそれぞれ100%負担
             事業主    国    都道府県   市町村
被用者        7        2      0.5       0.5
その他(自営業) −       4      1         1
```

ゴロ合わせ　何をマゴマゴしていい…(出典：岩井慶子)

Second Step　原則の範囲に該当する、被用者及び公務員は極めて少なかったため、産業界からの強い要望があり、被用者と公務員に限り、所得制限をupすることとなった。(H11.法87)

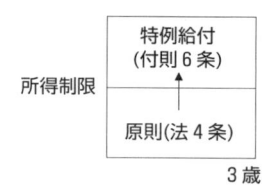

```
         ┌─────────┐
         │特例給付  │
         │(付則6条) │
所得制限 ├─────────┤
         │原則(法4条)│
         └─────────┘
              3歳
```

費用負担は、給与の支払者が全額負担となった。

　　公務員→国、地方公共団体100%

　　被用者→事業主100%

Third Step　Second Stepの枠を、それぞれ右に伸ばし、対象年齢を引き上げた。(H12.法84)

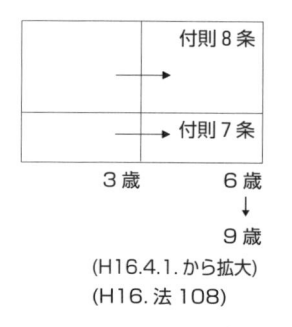

```
┌─────┬─────┐
│     │付則8条│
│     │  →  │
├─────┼─────┤
│     │付則7条│
│     │  →  │
└─────┴─────┘
 3歳    6歳
         ↓
         9歳
(H16.4.1.から拡大)
(H16.法108)
```

この拡大については、産業界の支持を得られず、費用負担は全て公費で賄われることとなった。

(付則8条)　　国・都道府県・市町村
　被用者→　　4、　　1、　　1
　公務員→国、地方公共団体100%

(付則7条)
　被用者・自営業→4、　1、　　1
　公務員→国、地方公共団体100%

【育児介護休業法】

育児休業

従来、子が1歳に達するまで

⬇

平成17年4月1日以降、
「事情がある場合」は、1歳6カ月に達するまで育児休業が可能となった。

● 効果

育児休業基本給付金も、1歳6カ月に達するまで支給されることとなった。

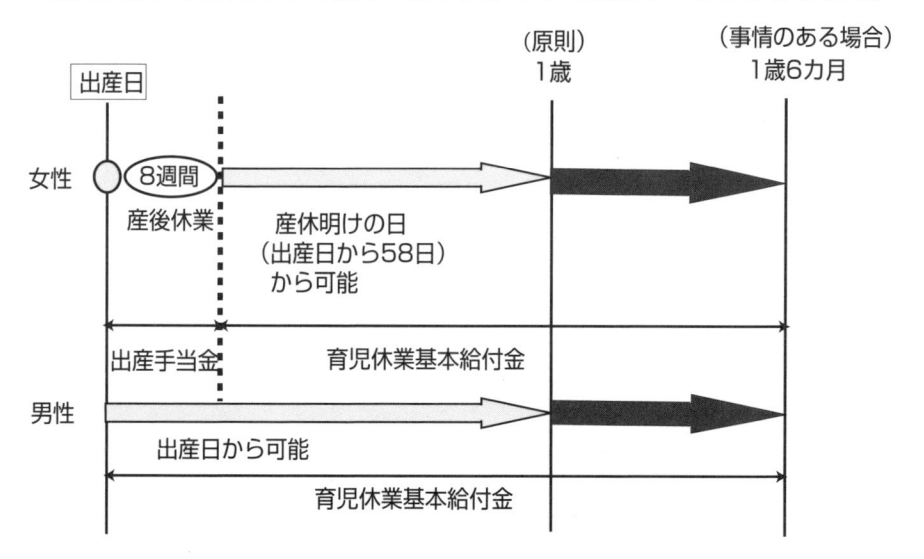

		(原則) 1歳	(事情のある場合) 1歳6カ月
女性	出産日 ─ 8週間 ─→ 産後休業 / 産休明けの日（出産日から58日）から可能		
	出産手当金 / 育児休業基本給付金		
男性	出産日から可能		
	育児休業基本給付金		

```
＜事情のある場合とは…＞
①　保育所入所ができない場合
②　子の養育を行っている配偶者が、1歳以降、死亡、負傷、疾病等により
　　子を養育することが困難になった場合
```

【育児介護休業法】
育児休業と社会保険料

従来、社会保険を免除する期間　育児をする子が1歳未満

⬇

平成17年4月1日以降
3歳未満

● 保険料免除の概念図

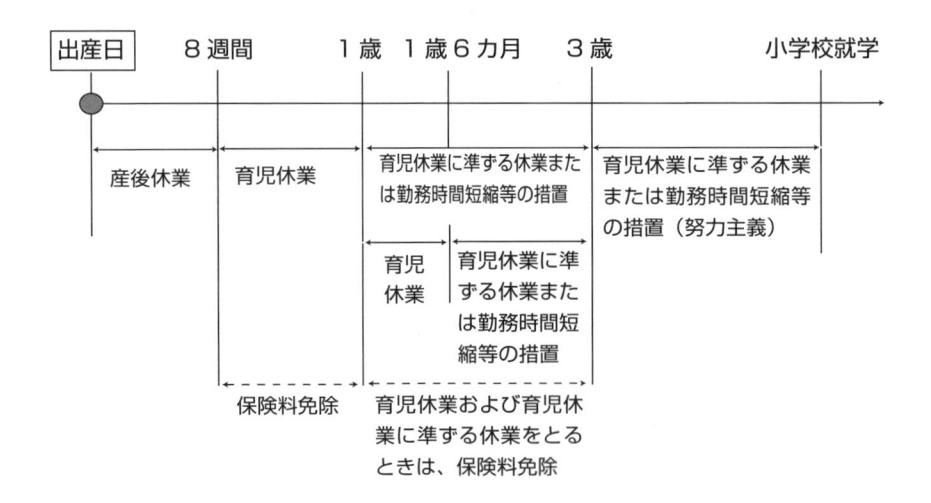

```
出産日    8週間      1歳  1歳6カ月   3歳            小学校就学
●─────┼────────┼────┼──────┼───────────────┼──────→
   産後休業  育児休業  育児休業に準ずる休業また  育児休業に準ずる休業
                      は勤務時間短縮等の措置    または勤務時間短縮等
                                               の措置（努力主義）
                             育児  育児休業に
                             休業  準ずる休業また
                                   は勤務時間短
                                   縮等の措置

            保険料免除   育児休業および育児休
                        業に準ずる休業をとる
                        ときは、保険料免除
```

● 勤務の形態と保険料の関係

出産	8週間		1歳	1歳6カ月		3歳
	産休	育児休業				
			保険料免除			
	産休	育児休業		短時間勤務		
		保険料免除		賃金に応じた保険料		
	産休	育児休業		短時間勤務		
		保険料免除		賃金に応じた保険料		
	産休		短時間勤務			
		賃金に応じた保険料				

● 保険料免除の手続き

　　　事業主の申出　　・健康保険　　　→　　保険者

　　　　　　　　　　　・厚生年金保険　→　　社会保険庁長官

● 保険料（厚生年金、健康保険）免除の効果

　○ 本人負担分、事業主負担分ともに免除される。

　○ 育児休業開始月から育児休業が終了する日の翌日が属する月の前月分まで免除される。

　○ 免除された期間も、出産前の賃金（標準報酬）に基づいて保険料を納めた期間として扱われる。

　　健康保険も被保険者資格は継続する。

● 短時間勤務者等に対する優遇措置

　平成17年4月1日より、就業を続ける労働者が年金の給付面で不利にならないように、育児をする子が3歳になるまでの期間は賃金が低下しても保険料は低下した賃金に基づいて支払うが、年金額の計算については出産前の賃金（標準報酬）に基づいて保険料を納めた期間として扱われる。

【育児介護休業法】

育児休業と介護休業

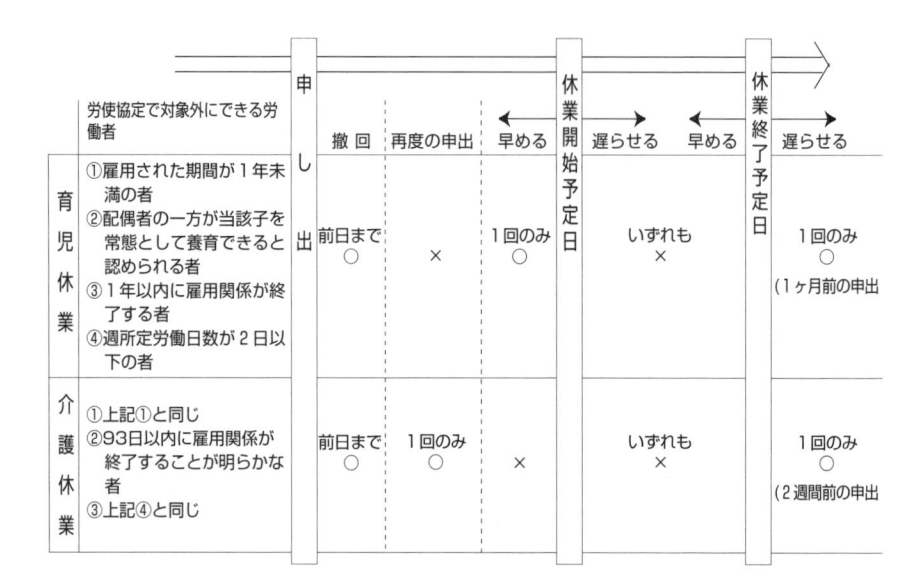

	労使協定で対象外にできる労働者	申し出	撤回	再度の申出	休業開始予定日 早める	休業開始予定日 遅らせる	休業終了予定日 早める	休業終了予定日 遅らせる
育児休業	①雇用された期間が1年未満の者 ②配偶者の一方が当該子を常態として養育できると認められる者 ③1年以内に雇用関係が終了する者 ④週所定労働日数が2日以下の者	前日まで ○	×	1回のみ ○	いずれも ×			1回のみ ○ (1ヶ月前の申出)
介護休業	①上記①と同じ ②93日以内に雇用関係が終了することが明らかな者 ③上記④と同じ	前日まで ○	1回のみ ○	×	いずれも ×			1回のみ ○ (2週間前の申出)

介護休業の取得回数制限の緩和

　平成17年4月1日より、介護休業は対象家族1人につき、1回と制限されていたが、対象家族1人につき、要介護状態に至るごとに1回、通算93日までの間で労働者が申し出た期間、介護休業ができることとなった。

子の看護休暇

　平成17年4月1日より、小学校就学の始期に達するまでの子を養育する労働者は、申し出ることにより、1年に5日まで、病気・けがをした子の看護のために、休暇が取得できる。

【介護保険法】
要介護認定・更新認定の流れ

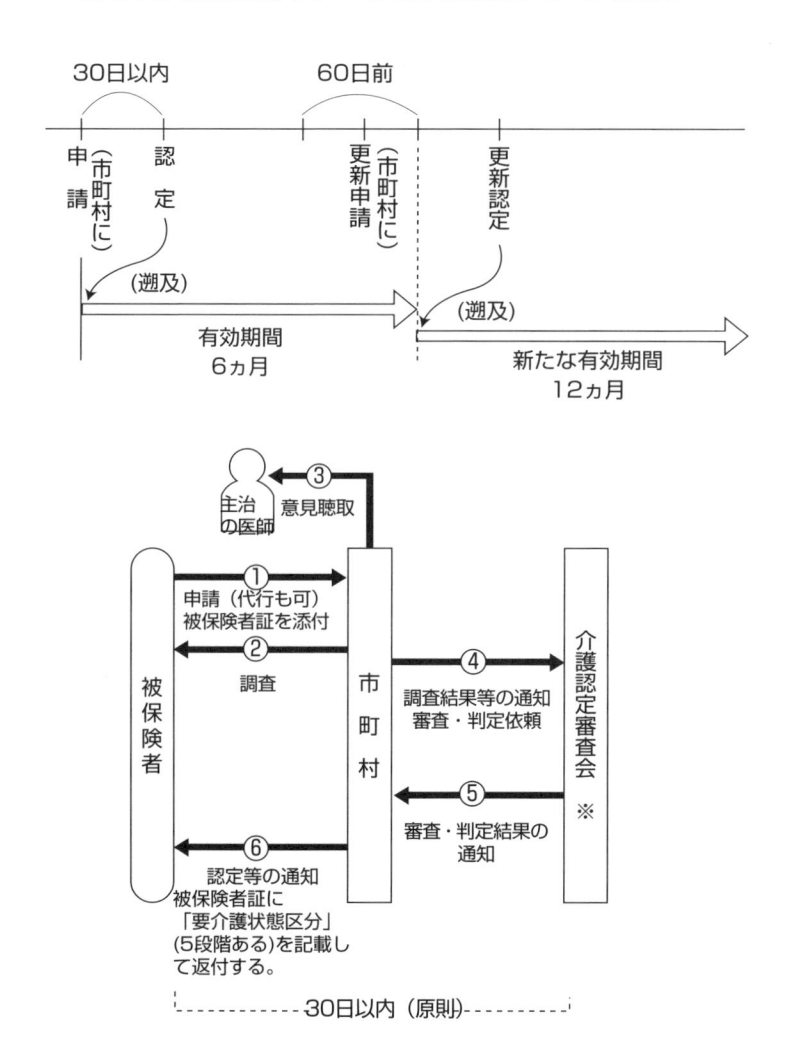

```
      30日以内        60日前
   ┌─────┐       ┌─────┐
   申  認          更        更
   請  定          新        新
  (市  ↓         申        認
   町 (遡及)      請        定
   村                       
   に)           (市
                 町
                 村
                 に)
   ├──────────────▶├─────────▶
        有効期間        (遡及)
        6ヵ月        新たな有効期間
                      12ヵ月
```

③ 意見聴取　主治の医師

被保険者 ──①申請（代行も可）被保険者証を添付──▶ 市町村 ──④調査結果等の通知 審査・判定依頼──▶ 介護認定審査会※

被保険者 ◀──②調査── 市町村 ◀──⑤審査・判定結果の通知── 介護認定審査会

被保険者 ◀──⑥認定等の通知 被保険者証に「要介護状態区分」(5段階ある)を記載して返付する。── 市町村

------30日以内（原則）------

※審査会の委員は、保健・医療・福祉に関する学識経験者のうちから市区町村長が任命する。任期は2年。

【介護保険法】

保険給付等

① 介護給付・・・要介護者
② 予防給付・・・要支援者
③ 市町村特別給付・・・条例の定めによる --------「第1号被保険者の保険料で賄う」

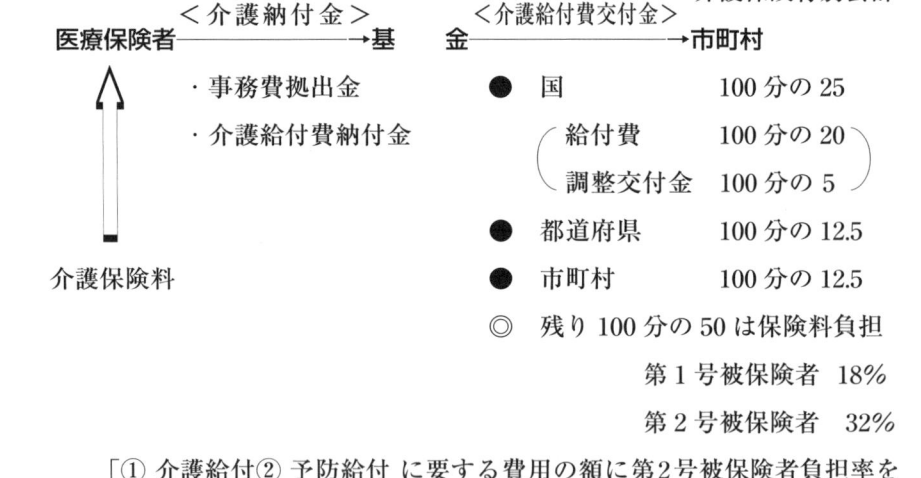

```
                                            介護保険特別会計
         ＜介護納付金＞        ＜介護給付費交付金＞
医療保険者 ──────→ 基 金 ──────→ 市町村
  ↑        ・事務費拠出金       ● 国          100分の25
  │        ・介護給付費納付金   ⎛ 給付費      100分の20 ⎞
  │                            ⎝ 調整交付金  100分の5  ⎠
  │                            ● 都道府県    100分の12.5
介護保険料                       ● 市町村      100分の12.5
                                 ◎ 残り100分の50は保険料負担
                                    第1号被保険者  18%
                                    第2号被保険者  32%
```

「① 介護給付 ② 予防給付 に要する費用の額に第2号被保険者負担率を乗じて得た額は、交付金を持って充てる」

第1号被保険者　　日本に住所を有する65歳以上の者……原則年金から天引きで納付
第2号被保険者　　日本に住所を有する40歳以上65歳未満の医療保険加入者（健保、国保、共済など）……健康保険等の保険料と一緒に納付

【老人保健法】

老人保健

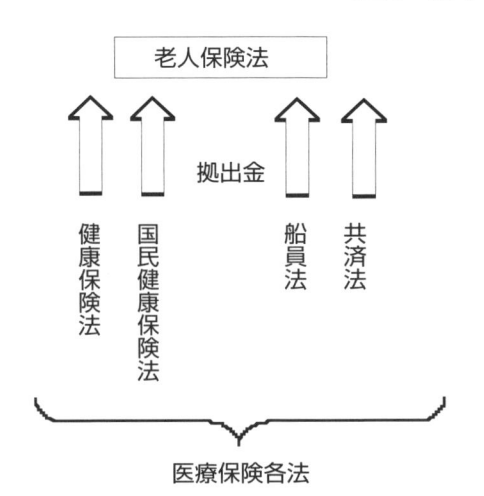

老人保険法

↑ ↑ ↑ ↑
拠出金

健康保険法　国民健康保険法　船員法　共済法

医療保険各法

ゴロ合わせ

選挙で建国
(船)(共)(健)(国)

【老人保険法】

医療等に要する費用

政府
健康保険組合
市町村
国民健康保険組合
共済組合。日本私学振興事業団

公費負担分
国……12分の4
都道府県……12分の1
市町村……12分の1

⇓
　　　　＜老人保健拠出金＞　　　　＜交付金＞
保険者　──────→　基　金　──────→　市町村　老人保健
　　　　　　　　　　　　　　　　　　　　　　保険者負担分……12分の6

　① 医療費拠出金　　　・ 医療等に要する費用の12分の6
　　　　　　　　　　　　　相当額　　（特定費用除く）
　　　　　　　　　　　・ 特定費用……公費負担なし
　　　　　　　　　　　　　　（※）　　　全額自己負担
　② 事務費拠出金　　　・ 保険医療機関、指定訪問看護事
　　　　　　　　　　　　　業者への支払いの事務の執行に
　　　　　　　　　　　　　要する費用

　　　＊ 2割負担の適用される一定以上所得者に係る医療等に要する費用

（参　考）
健康保険の国庫負担、補助
・国庫は毎年度予算の範囲内で
　　　事務　（老人保健拠出金・日雇拠出金・退職者給付拠出金・介護納付
　　　　　　金の納付の事務を含む）の執行に要する費用を「負担」する
・国庫は
　　　老人保健法の規定による
　　　　　医療費拠出金及び介護納付金（いずれも日雇特例被保険者に係る
　　　　　ものを除く）の納付に要する費用の1000分の164を「補助」する。

【その他】

子の養子縁組

国年
厚年 ─ 直系血族及び直系姻族の養子となったとき
労災
　　　　　　　↓
　　　　　○(支給継続)

老厚の子に対する加給→配偶者以外の養子となったとき
　　　　　　　↓
　　　　　×(減額改訂)

待期期間

3日　労災 − 通算
　　　健保（傷病手当金）− 継続
7日　雇用 − 通算

給付制限

（自己の）故意の犯罪行為若しくは重大な過失により

健保
国保 ─ → 行わない。
老人

労災
国年 ─ （保険給付の）
厚年　　→ 全部又は一部を（行わないことが）できる。

罰則 「不正な手段」と「不正の行為」

```
国年
厚年    →  手段
(労災)
```

　　　　　　　　手段 — 切れ — 年金

・偽りその他不正な手段により……
・偽りその他不正の行為によって……

```
健保
雇用    →  行為
```

「停止」と「差し止め」

停止　　　→　出ない
差し止め　→　（解除されれば）遡及して出る

教育訓練技法

CCS(Civil Communication Section)
　　戦後GHQが日本の通信業界の経営者を対象として始めた
MTP(Management Training Program)
　　アメリカ空軍が、中間管理者訓練方式として日本に伝えたもの
TWI(Training Within Industry)
　　生産工場における第一線監督者向き
JST(Jinjiin Supervisory Training)
　　人事院式管理監督者研修
CDP(Career Development Program)
　　個々の従業員について、企業におけるライフサイクルを設計し、
　　長期にわたって計画的に人材育成を行う制度

人間関係管理法のまとめ

○印はゴロ合わせ

(テーラー)　(科)学的管理法　　ノルマ、ストップウォッチ

(メイヨー)　　レスリスバーガー
(ハーバード大)　　　「(ホ)ーソン実験」　ウェスタン・エレクトリック社
　　　　　　　　　　　　　　　　　　　ホーソン工場　（1924～1932）
　　　　　　・心情的
　　　　　　・基本的欲求を満足させようとして行動する
　　　　　　・インフォーマル組織の統制力の方が時には強い

P.F.(ドラッガー)　著書「現代の経営」の中で「(目)標管理」を強調
　　　　　　　　　　(1954)

ダグラス・(マグレガー)　　X理論と(Y)理論

A．(マズロー)　　欲求の(五)段階説
　　　　　　①生理的欲求→②安全への欲求→
　　　　　　③社会的欲求→④自我の欲求→
　　　　　　⑤自己実現の欲求

F．(ハーズバーグ)　(モチ)ベーションと衛生要因説
　　　　　　マズローを批判
　　　　　　動機づけ理論

ソーン(ダイク)　　(ハロー)効果

(アージリス)　成熟・(未成熟)論

(リ)ッカート　(リ)ーダーシップ

K．レヴィン　　①　専制的リーダーシップ
　　　　　　　②　民主的リーダーシップ

③ 自主放任的リーダーシップ

R．ブレーク　　　J．S．ムートン
　　　　　　　　M・G理論 (managial grid)
三隅不二夫　　　P．M理論

ゴロ合わせ

○ ドラ目で勝テーラ、誉ーめいよ

○ マグレガーYで、ごまずろー
　　　　　　　　　五段階説
○ 餅にハンバーグ

○ 大工にハローと挨拶

○ 球根（アージリス）が未成熟

○ リリーさん、ご指名ですよ（リッカート、リーダーシップ論）

労働経済白書、厚生労働白書関係、基本数値チェックリスト

項　目	2002年（H14）	2003年（H15）
就業者数 （自営業者 　家族従事者 　雇用者）	6,330万人 △82万人 5年連続減	6,316万人 △14万人 6年連続減
雇用者数	5,331万人（△38万人）	5,335万人（+4万人）
有効求人倍率	0.54倍 （△0.05ポイント）	0.64倍 （+0.10ポイント）
新規求人倍率	0.93倍 （△0.08ポイント）	1.07倍 （+0.14ポイント）
労働力人口 (15才以上)	6,689万人	6,666万人
完全失業者	359万人（+19万人）	350万人（△9万人）
失業率	5.4% 　男5.5% 　女5.1%	5.3% 　男5.5% 　女4.9%
実質賃金 物価指数	△0.4% △0.9%	△0.6%(3年連続減) △0.3% (H11以降5年連続減)

項　目	2002年（H14）	2003年（H15）
労働時間 年次有給休暇の取得率 何らかの週休2日制	1,825時間 1人平均48.1% 企業数割合88.4%	1,828時間 1人平均47.4% 企業数割合89.7%
春闘・賃上げ	5,265円(+1.66%) ・額・率とも前年を下回った。 ・賃上げ率は調査開始以来最低	5,233円(+1.63%) ・6年連続で額は前年を下回った。 ・賃上げ率は最低を更新
組合の組織率	(H14)20.2% 　　　1,080万人 (H13)20.7% 　　　1,121万人	(H16)19.2% 　　　1,031万人 (H15)19.67% 　　　1,044万人
労災保険給付の受給者数	600,210人	578,229人
最低賃金 （東京都）	地域別 708円 （H16.4.1現在）	地域別 710円 （H17.4.1現在）
国民医療費 （内老人医療）	(H12年度) 国民所得の8.0%、 　　　　　30.4兆円 国民医療の3分の1、 　　　　　11.2兆円	(H13年度) 国民所得の8.5%、 　　　　　31.3兆円 国民医療費の3分の1、 　　　　　11.7兆円
公的年金加入者 公的年金受給者	7,017万人 3,521万人	7,046万人 3,633万人
出生数 合計特殊出生率	1,153,855人 1.32	1,123,828人 1.29

ゴロ合わせ一覧表

ゴロ合わせ

月ズレ44　　　　　１ヵ㋓単位の変形労働時間、㋫レックスタイム制
　　　　　　　　　については、週44時間可能。

兄 さん 短気、斉場は 一年以上 一杯。
(20H〜30H)　　→(30H以上)(１年以上)(一般被保険者)
(短時間労働被保険者)

全国民、よ よ と泣く。
　(全国延長給付)
　　(4)(4)　　　連続４ヵ月、雇用保険の受給率が４％を超えると
　　　　　　　　き大臣の指定する期間給付される。

日雇い・日額「日雇いいつ、やめる？」
　　　　　　　　　(120)　　(83)
　　　　　　日雇労働求職者給付金の日額自動的変更
　　　　　　（雇用保険法49条）

宿に入れな、
 (10,700)　　　　寄宿手当　月額10,700円

今日も一回、正常位でもう一回、
　　　　二回の隅に復帰、時候のあいさつに行くのは最後。
　　　　　雇用保険法による給付の申請期限（13頁参照）

今日も 一般料金で行く かい？
　　（教育訓練給付）（一般被保険者）（育）（介護）

ゴロ合わせ

納会の口上は、誠実に熱心に
（雇用保険法10条の2）
求職者給付の支給を受ける者は、必要に応じ職業能力の開発及び⓪上図りつつ、誠実に熱心に求職活動を行うことにより、職業に就くように努めなければならない。

残っとけ、二元適用事業
　農林・港湾・都道府県・建設

鯉づくし、鯉ばかり
　5〜129　4〜51　　労災保険率

後家二人
　(50)(継)(20)(有)　　概算保険料の納期限

腰払い。懸賞
こしはらい　けんしょう

　印紙の貼付・消印はいつ行うか。
　雇用保険印紙 − 支払いの都度
　健康保険印紙 − 使用の都度

とっても、いー子が身のまわりにいる国保組合
　　　(都)　(15人)　(300人)
都道府県　発起人　組合員
知事の認可

ゴロ合わせ

（認定決定）
銃後の人（にん）、入閣、テンカンフー
⑮日以内 ← 認定決定後　⑩日以内 − 還付請求
　　　　　　　　↓
　　　　　　㊀定保険料 − 納㋑告知書
　　　　　　概算保険料 − 納付書

とうかそく状
　　10日、督促状 ← 督促状の指定期限は、発送した日から10日
　　　　　　以上経過した日。

健ご保険
　　　　5日以内　　傷病手当金（5円未満切り捨て、5円以上〜10円未満
　5 ＜　　　　　　　　　　　は10円に切り上げ）
　　　　5円　　　　出産手当金
　　　　　　　　　一部負担金（5円未満切り捨て、5円以上〜10円未満
　　　　　　　　　　　　　は10円に切り上げ）
　　　　　　　　　標準報酬日額（5円未満切り捨て、5円以上〜10円未
　　　　　　　　　　　　　満は10円に切り上げ）

6資　7随　8翌。
〜　〜
12月　12月
　　　　標準報酬月額の決定
　　　　　6 〜 12月　㊀格取得時決定　　＼
　　　　　7 〜 12月　㊀時改定　　　　　　＞　㊊年8月まで適用

寡婦年金：結婚10年で、5年間老後は、ニッコリ。

ゴロ合わせ

寡婦年金：<u>結婚10年</u>で、<u>5年間老後</u>は、<u>ニッコリ</u>。
　　　　　10年以上　　　60〜65歳　　25年以上
　　　　　結婚期間　　　　　　　　　第1号被保険者として
　　　　　　　　　　　　　　　　　　の納付期間

<u>ツー・ツー・ツー</u>　　　　任意継続被保険者
（2月、20日、2年）

ミヨコさん、急いで、1，2，3，1，2，3，4
　　　　　　　　　　　　　ハトバスが出るよ

　　　　　　　　　　　　　未払賃金の立替払い（39頁参照）

<u>フ</u>　<u>ヨン</u>手当（扶養手当）　児童扶養手当の支給—4月、8月、12月
四月　　　　　　　　　　児童手当の支給———2月、6月、10月

<u>産後</u>なのに嫁は、<u>始終</u>、<u>婚</u>の世話、<u>ご苦労</u>。——中高齢寡婦加算
35歳　　　　　　　40歳　65歳　　596000円

【その他】

料率、金額等

区　分	内　容			
雇用保険	基本手当ての日額の算定に用いる賃金日額の範囲等の自動的変更			
	60歳未満		60歳以上65歳未満	
	2110円以上 4160円未満	100分の80	2,110円以上 4,160円未満	100分の80
	4,160円以上 12,060以下	100分の80から 100分の50	4,160円以上 10,810以下	100分の80から 100分の45
	12,060円超	100分の50	10,810円超	100分の45
	基本手当の控除額	1,369円		
	高年齢雇用継続給付支給限度額	346,224円		
	事業の種類	雇用保険率	被保険者負担分	事業主負担分
	一般の事業	1,000分の19.5	1,000分の8	1,000分の11.5 (内3事業 3.5)
	特掲事業(建設除く)	1,000分の21.5	1,000分の9	1,000分の12.5 (内3事業 3.5)
	特掲事業(建設)	1,000分の22.5	1,000分の9	1,000分の13.5 (内3事業 4.5)
労働者災害補償保険法	自動変更対象額 (給付基礎日額最低保証額)	4,160円		
健康保険法	保険料率(政管健保)	1,000分の82		
	介護保険料率(政管健保)	1,000分の12.5		
厚生年金保険法	保険料率(原則)	1,000分の139.34		
	保険料率(坑内員)	1,000分の152.08		
一般常識 (平成16年平均)	完全失業者	313万人		
	完全失業率	4.7%		
	新規求人倍率	1.29		
	有効求人倍率	0.83		

第 2 部

社労士合格の秘訣

secret of success

筆者紹介

写　真	氏名（年齢） 学歴 受験回数 合格年度	受験期間中の勉強方法 現在の状況	体験記の要旨	頁
	礒谷　哲夫(35歳) 大学・経済学部 受験回数2回 平成16年	通学2回（2年目はテープ受講） 印刷会社総務部勤務	受験時代の私はサラリーマンの中でもかなり忙しい部類に入っていたと思います。そんな中で仕事と受験勉強に加え、嫁取りまで行ってしまいました。忙しくて時間がない、働きながら社労士試験を受ける方にエールと私のささやかな体験記を贈ります。	72
	市沢　かおる(46歳) 大学中退 受験回数7回 平成16年	通学4回 通信教育2回　学習ソフト1回 会計事務所勤務	平成6年から足かけ10年、7回目の受験で合格しました。平成7年から9年は税理士試験とダブル受験しており、欲張りすぎて勉強では非常に苦労致しました。毎年改正があるので私のように長期間の受験勉強はいいことが一つもありません。短期合格に限ります。	82
	太田代　徹(45歳) 大学・法学部 受験回数1回 平成13年	通学1回 平成17年7月社労士登録予定	1年間集中して2000時間の勉強に取り組み当然の1発合格。サラリーマン～週末起業～ビジネスオーナー～社会保険労務士と、豊富な人生経験が1本の糸で繋がるように、期待している。	88
	大場　康夫(63歳) 大学・法学部 受験回数3回 平成16年	通信教育1回 通学1回 平成17年10月社労士登録予定	動きの激しい昨今、社会との接点を持ち続けることの意義を共有する会社仲間と61歳から始めました。失敗を挑戦のバネに3回目に合格。記憶との戦いに苦しみながらも、固い意思を持って自分を信じて頑張れば合格できます。	92

筆者紹介

写　　真	氏名（年齢） 学歴 受験回数 合格年度	受験期間中の 勉強方法 現在の状況	体験記の要旨	頁
	香川　忠成（45歳） 大学・法学部 受験回数3回 平成16年	通学1回 平成17年 10月 社労士登録 予定	現在会社の早期退職制度を利用して、休業して開業準備中。受験2回目は択一式1点足りず不合格。合格するにはまず相手を知ること。びびることはありません。皆紙一重です。本書を読めば1点足らずはありません。	97
	金井　勉（56歳） 大学・社会学部 受験回数3回 平成16年	独学 平成17年 4月中央区 で開業	テキストを購入しての完全独学でした。迷ったことがあってもとりあえず前へ。目標は合格にあります。合格のための努力、合格のための勉強に集中しました。	101
	窪田　陽一（64歳） 大学・法学部 受験回数3回 平成16年	通信教育1回 通学1回 会社顧問	NEVER TOO LATE。61歳から勉強を始め、2年3カ月で、ようやく合格。暗記力の衰えのため悪戦苦闘し、何度も止めようと思ったが、あきらめなかったので、蜘蛛の糸が、天上から垂れてきた感じです。	106
	下川原　篤史（40歳） 大学・経営学部 受験回数3回 平成13年	通信教育1回 通学2回 団体職員	残業・休日出勤をこなすサラリーマン生活を送りながら合格を勝ち取るためには、細切れ時間をいかに有効に活用出来るかに懸かっています。私のような回り道をしないためにも私の体験を反面教師としてお読み下さい。	110

筆者紹介

写真	氏名（年齢） 学歴 受験回数 合格年度	受験期間中の勉強方法	体験記の要旨	頁
	鈴木　道生（46歳） 大学・経済学部 受験回数4回 平成16年	通信教育3回	いままで何に関しても長続きしなかったが粘って4回目で合格。かなり難しい試験でしたが、諦めさえしなければ幾つになろうとも、何回落ちようとも絶対に何とかなります。いかにモチベーションを保つかが大切だと思います。	115
		平成17年10月社労士登録予定		
	戸嶋　淳（32歳） 大学・経済学部 受験回数3回 平成16年度	通学3回 通信教育1回	ひたすら社会保険労務士になりたくて……法律の「ど素人」の私が合格できたのはオリンピック水泳金メダリストが残したこの言葉を信じたから。「現在の苦しみを大きな喜びとしよう。努めるものはいつか恵まれる」	122
		平成17年度社労士登録予定		
	中村　俊之（50歳） 大学・法学部 受験回数4回 平成14年	通信教育2回 通学1回	自分にあった勉強方法の発見が合格の決め手になると思います。皆さんも私どもの経験の中にぜひ宝を発見してください。「人間思った以上にはなれない」と言います。志を高く持って、目標に向かって頑張ってください。	128
		平成17年1月社会保険労務士事務所開業（文京区本郷）		
	生井　博隆（43歳） 大学・経営学部 受験回数2回 平成16年	通学2回	都内信用金庫にて営業、融資畑で育つ。夢を描き一念発起し社会保険労務士を志し退路を絶つ。強く思うこと。反省すること。戦略的にタイムスケジュールを考えること。迷わず自分を信じること。受験テクとマインドに要旨をおいた記載であり、他士業にも通用？	135
		社会保険労務士事務所開業（川崎市多摩区）		

筆者紹介

写真	氏名（年齢） 学歴 受験回数 合格年度	受験期間中の勉強方法	体験記の要旨	頁
	平沢　典彦(33歳) 大学・文学部 受験回数1回 平成14年	通学1回	会社の同僚から社労士の存在を聞き、全くのゼロから受験勉強を開始しました。紆余曲折を経て何とか合格。この試験を通じて、周囲の応援がいかに支えになったかを実感しました。相手の身になって考えられる社労士になることが目標です。	140
		平成17年7月 社労士登録予定		
	松木　将企(39歳) 大学・経済学部 受験回数1回 平成14年	通学1回	「生きる力を身につけたい」というのが受験のきっかけでした。当初は教養の一環として軽い気持ちで始めたのが、「絶対に受かる！」という決心に変わっていき、会社勤めの傍らでも勉強時間をやりくりして合格をすることが出来ました。「強く思えば必ず叶う！」皆さんも信じた道をたゆまず進んで下さい。	145
		平成17年4月 社会保険労務士事務所開業（中央区日本橋）		
	八島　則子(55歳) 大学・文学部 受験回数2回 平成16年	通信教育1回 通学1回	何事にも安易な道はないものだと思います。しかしその反面、その気になって頑張ればできるものだとも思いました。「合格したい」という強い願望が合格への道を開いてくれます。受験勉強に悪戦苦闘している方最後まで諦めずに頑張って下さい。	149
		会社員		
	山本　佳子(39歳) 短大・経営学部 受験回数3回 平成16年	通学3回	「人生、偶然はない、全て必然だ」私が社労士になったのも、今この合格体験記を読んでいる方も、偶然ではなく必然ではないでしょうか。出会いや出来事を大切にしていくと自ずと道は開けていきます。開けたら、あとは精神力と粘り強さで勝負です。	154
		平成17年1月 社会保険労務事務所開業（埼玉県越谷市） 有限会社Y's パートナー代表取締役		

礒谷　哲夫　合格時年齢：35歳　受験回数2回

●社労士試験を受けようと思った動機

　当時私はメーカーで労務関係の仕事をやっていました。会社に入って社会保険労務士の資格の存在をはじめて知り、会社で安くあっせんしている通信教育の教材を取り寄せたこともありました。しかし、その学習内容の中身の難しさと、ダンボール箱1箱という教材のボリュームに圧倒され、「こんな忙しい仕事をやっていて、とても通る試験じゃない」と思い、教材はお蔵入りしました。

　実際、私の会社で社労士試験に挑戦する人も毎年いましたが、忙しい私の会社で合格したという話は入社してから11年、私の回りでは聞いたことがありませんでした。そして、忙しい毎日の中、社労士試験のことも忘れていきました。

　ところが、職場の異動をきっかけに、さらに自分の能力を十分に発揮し、ステップアップするにはどうしたらいいか、真剣に考えはじめました。そのとき、あの難しい社労士試験のことを思い出しました。「簡単に合格することができないあの試験に合格すれば、周囲をあっといわせることができる。なんとしても合格して、今の状況を少しでも打破する突破口にしたい」と考えたのです。最初はこんな子どもじみた、単純な動機だったのです。平成15年3月のことでした。

●1年目・受験勉強開始

　思い立ったが吉日とばかりに、その日のうちに某有名資格受験

校の通学講座のガイダンスに行きました。しかし、すでに8月の試験まで5カ月半ほどしかありません。初受験で短期合格するためには独学や通信では難しいと考え、また会社が終わるのが遅く、平日の通学は不可能な状況にあったため、土曜日の速習コースに申し込みました。私はトランペットが趣味で、毎週土曜日には市民吹奏楽団の練習に通っていましたが、社労士試験合格までは勉強第一の毎日を過ごすことを心に決め、週末の楽しみだった市民吹奏楽団を退団しました。

　こうして私の受験勉強が始まりました。仕事が忙しく、とても平日には勉強できないと感じていましたので、最初のうちは、土日に集中してとにかく内容の理解につとめ、直前1～2カ月に集中して過去問演習をするという作戦を考えていました。いまから考えると、かなり見通しが甘かったと思いますが……。

　私は衛生管理者試験を受けたことがあり、そのときも時間がなく、テキストをとにかく1回読み、ゴールデンウィークに自宅に缶詰になって問題演習を繰り返し1回で合格した経験から、問題演習の必要性と、試験直前期の重要性は肌で感じていました。

　講義はまず労働関係科目から始まりました。すでに取得している衛生管理者の試験科目が労基法と安衛法ということもあり、労働関係科目は比較的すんなり理解できたように思いました。ミニテストもけっこう点がとれました。しかし、このとき予習をしなくても講義を真剣に聴けば大丈夫、という、甘い考えが生まれたのです。そのしっぺ返しはほどなくやってきました。社会保険関係科目に入り、まず健康保険法で理解に苦しみました。そして、年金科目に入り、これはわかりにくい、苦手だという意識を持って

しまいました。そしてほぼ基本講義が一巡した6月、中間模試を受けましたが、結果は選択13点、択一20点、3751名中3424位のE評価と惨憺たる結果に終わりました。

●起死回生の「ウィークリーマンション作戦」で勉強時間を確保

　「このままでは絶対に合格できない」と考え、なんとか平日に毎日3時間程度勉強時間を捻出できないかと考え抜きました。そしてひらめいたのが「会社の近くでウィークリーマンションを借りる」ことでした。一大決心をして、会社から徒歩3分の場所に本試験翌日まで部屋を自費で借りることにしたのです。

　それからいままで通り朝6時に起き、朝食を済ませて1時間ほど勉強してから会社に行っても7時半には間に合いました。夜は残業で遅くなっても帰宅してから食事をして2時間ほど勉強ができました。こうして一日3時間の勉強時間を確保したのです。これはざっくり言って本試験日までに200時間程度の平日の勉強時間をお金で買ったことになります。平日の勉強時間1時間の単価は2000円強。高いお金を出して捻出した勉強時間です。10分ごとにちゃりんちゃりんと百円玉が3〜4枚音を立てて財布から出ていくようなイメージを持ちながら、懸命に勉強に打ち込みました。会社の近くに部屋を借りてから睡眠時間も確保できるようになり、体調も良くなり勉強の能率も上がりました。

　こうして確保した平日の勉強時間に加え、休日とお盆休みの勉強時間が約250時間、合わせて本試験日まであと450時間、これなら合格できるかも知れない、と希望が出てきました。

● 1年目不合格　～あと一歩及ばず～

　7月に受験校の公開模試を受けました。結果はD判定。まだまだ合格ラインからはほど遠い状態でした。しかし、気にしませんでした。試験日の前日までに合格点を取れる力をつければいいのです。教材は、いろいろ手を広げる余裕もなく、選択式対策として受験校の暗記カード、択一対策は、過去問5年分に絞り、その2つの教材を徹底的にやることにしました。

　3月開講の速習コースのA先生は、「もう間に合わないとあきらめる人も出てくると思いますが、ギリギリまであきらめずがんばってください。こんなこと言うのもなんですが、今年もし落ちたとして、今年本気でがんばれなかった人は、来年も再来年もがんばれない、合格できない人だと思いますよ」とおっしゃいました。その言葉を聞いて、ダメでもともと、とにかく死に物狂いでやってみようと思いました。直前期の法改正と一般常識対策も受験校の講義の内容で押さえました。そして、お盆は朝から晩まで、部屋にこもって勉強しました。

　こうして受けた初受験の結果は、選択32点、択一42点でした。選択は国年が2点でしたが救済があり合格点を確保しました。しかし択一式で科目ごとの足きりはなかったものの総得点が2点足りず、涙を飲みました。

　高いお金をかけて受験に挑み、死に物狂いで勉強しましたから合格できなかったことはショックでしたが、とにかく忙しい毎日の中ボーダーライン近くまで得点することができ、この結果に手ごたえを感じていました。

●2年目・結婚準備との両立

　1年目の不合格が確定した翌日、すぐさま同じ受験校に行き、総合本科生の申し込みをしました。すでに早いクラスでは雇用保険に入っていました。とにかく1日も早く基本講義を終わらせて問題演習中心の勉強に取り組みたかったので、振替受講制度を利用して一番早い進度のクラスの講義に出席することにしました。ただ、一番早いクラスは労基、労災はすでに終わっていましたので、平日にテープを聞いて追いつくという作戦にしました。

　ところが、2年目の受験勉強をはじめてからほどなく、プライベートで結婚が決まりました。大変喜ばしいことではありましたが、受験勉強のことがあり結婚式をいつにするか大いに悩みました。試験が終わってから式を挙げることも考えましたが、式の準備期間も考えると年内にはとても式をあげられそうになく、1年以上も式を先延ばしにすることはできませんでした。彼女と相談し、基本講義が終わる5月末に式をあげることにしました。スケジュール的には、5カ月で結婚準備を終わらせなければならないという、非常にタイトな日程です。

　それから仕事と結婚準備と社労士受験の三竦みの毎日がはじまりました。週末は結婚準備のため、式場回りや打ち合わせスケジュールが埋まってしまいましたので、受験校に通うことはできなくなりました。ですので、講義テープをダビングして主に通勤時間にヘッドホンステレオで聞いて勉強を進めました。

　今回は結婚費用がかかることもあり、ウィークリーマンションを借りるような贅沢は許されません。そこで通勤時間や、細切れ時間を利用する方法を工夫しました。通勤時間の利用についてで

すが、朝は始発駅でしたので必ず座って会社の最寄り駅に着くまで勉強できました。しかし帰りは混んでいるので座って勉強することができません。ここで一工夫したのですが、帰りは私の自宅とは反対方向の空いている電車に乗って終着駅まで行き、そこから折り返すという方法で合計2時間の電車内での勉強時間を捻出しました。この「通勤電車折り返し作戦」は伊藤塾編著「社会保険労務士合格塾」(中経出版)に載っていた方法です。また、テープレコーダーも時間短縮のため早聞きができるタイプの物を購入しました。少し値段は張りましたが、再生スピードがコントロールできるタイプの物を選びました。わかりにくいところはゆっくり聞きたいときもありますので、コントロールできるタイプの物を選んで良かったと思います。

　細切れ時間の利用については、いつでも受験校の暗記カードを持ち歩き、ほんのわずかな時間でもできれば読んでいました。ちょっとお話しにくい話になりますが、私は男性ですが、トイレも大のときはもちろん小のときも洋式の個室に行きました。こうすれば、用を足している間も暗記カードを少し読むことができます。もちろん仕事中のトイレなどは、いままでよりも時間がかかることは許されませんが、それでも条文ひとつ読むくらいはできました。本試験まで何回用を足したことでしょうか。まじめな話ですが、この積み重ねはばかにならなかったと思います。

　そして結婚式が無事終わりました。新婚旅行にはテキスト類は一切持って行かず、旅行を楽しみました。

　6月に入り、いよいよ社労士試験中心の生活となりました。社労士試験を理由に結婚式の準備に手を抜くようなことはしなかっ

たと思いますが、それが良かったのか、私の奥さんは私の勉強について大変理解があり、全面的にサポートしてくれました。

●私の過去問演習法
　ここまでは講義テープと基本テキストをまわすことで精一杯でした。相変わらず仕事は忙しく、ここで思い切って教材を絞りこむことにしました。答練には一切参加せず、基本テキストと過去問題集と選択式対策としての暗記カードの3つを徹底的につぶすことにしたのです。過去問演習に入るに当たり、1年目の敗因を考えてみました。受験校の出している情報誌に「過去問演習だけでは知識に穴ができるので、過去問を解いたら必ずテキストに戻る勉強法が効果的だ」と書いていました。1年目は過去問に注力したのは悪くなかったが、テキストの読み込みが不十分だったので、過去問に出ている知識がストレートに出題されたら解けましたが、周辺知識に穴ができていたため、選択式で2点の科目があったり、択一式で基本的な問題を取りこぼしたりしていたと思いました。そこで、過去問演習のとき、問題のポイントになっていたところを必ずテキストで確認しマーカーして、テキストに書かれていない論点をテキストの余白に書き足していく、という勉強方法を取りました。この方法については、岡根一雄著「社会保険労務士に面白いほど合格する本」(中経出版)にマーカーの色分けの仕方、書き込みの仕方などのノウハウが詳しく書かれています。これは、非常に時間のかかる方法です。しかし、全科目一回りしたとき、どこの部分が何年に出ていたか、過去問のポイントが一目でわかるテキストが手に入ります。そうすれば、その部分を拾

い読みするだけで、過去問で論点になっていたポイントが短時間で押さえられるのです。このマーカーと書き込みのおかげでテキストを直前期に短い時間で数回まわすことができ、大きな武器になりました。とくに試験前日、すべての基本テキストを1回通読することができ、「前日にすべてのポイントを押さえられた」ことで精神的にも安心できました。

　また、過去問題集は2冊用意し、1冊には正解や、問題のポイントとなった部分に下線を引いたり書き足したりして、参考書化して通勤電車の中で答えの書き込まれた過去問題集を読んでいました。過去問演習の際、わからない問題はすぐ答えを見た方が良いと思います。○問では問題のポイントになった部分はどこなのか、×問では、どこをどう訂正すれば○問になるのかを最終的に押さえられればいいわけですから、どんどん答えを見ていきました。

　一般常識対策として、小磯優子・島中豪著「社労士最強の一般常識問題集」を買い、3回まわしました。1年半の受験期間で、受験校の講座以外の市販の教材を買ったのはこの1冊だけでした。

　模擬試験は2回受験しました。2回目の模擬試験は小さい教室に長机に3人掛けのぎゅう詰めでしかもすぐ外でお祭りをやっていて大きい音がするというすごい環境でしたが、本試験ではどのような会場でも力を発揮して合格しなければならないわけで、練習と思い真剣に問題に取り組みました。

●**決戦の日曜日　〜平成16年本試験〜**
　そして本試験日がやってきました。今年の試験会場は、さいたまスーパーアリーナです。とにかく選択式では「見たことも聞い

たこともない問題がきても、根性で2点は確保する」ということだけを考えていました。基本事項は徹底的にやったと信じ込み、自分が3点取れない科目は必ず救済されると信じるようにしました。しかし、2点取れなければすべてが終わってしまいます。選択式健保の問題を見た瞬間、背筋が凍りつきましたが、ここで根性出すんだ、とすぐ気を取り直したことが良かったのか、うろ覚えでしたがなんとか得点することができました。

　択一式は時間配分を考えて進めていました。労働科目は予定より早く進みましたが、健保・国年がやけに難しく感じ、最後に取り組んだ不得意の厚生年金の時点で時間がけっこう押していました。正直焦ってましたが、落ち着いて問題文を丁寧に読み込んでいかなければひっかかるぞ、と自分に言い聞かせていました。全問解き終わった時点で見直す時間は少なかったですが、発表までの3カ月間マークミスの心配で悶々としたくなかったので、マークのチェックだけ、手早く確認しました。

　本試験の結果ですが、選択式・択一式ともに足きりに合わず、合格することができました。

●受験をふりかえって

　1年目はスタートが遅かった上に仕事が忙しく、また2年目はスタートは早かったものの結婚準備があり仕事は相変わらず、という状況で、私の場合は絶対的に時間が不足していました。そういった制約条件や、自分の置かれた状況にあわせて、自分の勉強方法を客観的な目で組み立てて行ったこと、そして自分なりにいろいろ工夫して勉強方法を迷いなく確立していったことが良かった

のではないかと思います。

　勉強方法についてはいろいろな本を読みましたが、ただそれを全部その通りにするのではなく、自分にとって効果的だと思える方法だけを選んで取り入れていきました。「有名なあの先生がこういっているからこうする」ということではつまらないのではないでしょうか。自分の勉強スタイルは人から与えられるものではなく、主体的に作り上げていく、そういうスタンスが大事なのではないかと私は思います。それから、今振り返って思うのは、いろんな人に支えてもらって勉強を続けられたことに本当に感謝しなければ、ということです。両親をはじめ、受験校の講師の先生、友人、知人……たくさんの方が応援してくださりました。また、義祖父は絵手紙が得意で、しばしば励ましの絵手紙を送ってくださいました。それからなんといっても、一番迷惑をかけたのが私の奥さんです。受験時代はろくに遊びにも連れて行かず、奥さん不幸をしましたが、一番理解し支えてくれました。本当にありがとう。たくさんの方々からいただいたご支援に感謝し、社労士として力を発揮して社会に恩返ししていかなければ、と強く思います。

　受験生の皆さんも大変な毎日を送っていらっしゃることと思いますが、目標に向かっていま勉強に打ち込めるということは、本当に幸せなことなのではないでしょうか。ぜひ合格し、社会保険労務士となって一緒にがんばっていきましょう。

●勉強法について参考にした本
・なる本「社労士」秋保雅男著（週刊住宅新聞社）
　教材の絞り方の参考にしました。

・「社会保険労務士に面白いほど合格する本」岡根一雄著（中経出版）
　テキストをマークする過去問演習法はこの本から取り入れました。2年目受験時のバイブル的存在の本です。
・「試験に受かる超効率勉強法」井藤公量（日本実業出版社）
　過去問に答えを記入して参考書化するノウハウをこの本から取り入れました。
・「資格クイーンが教える一発合格の勉強術」そめいよりこ著（オーエス出版社）
テープの早聴きの勉強法は、この本から取り入れました。
・「社会保険労務士合格塾」伊藤真監修／伊藤塾編著（中経出版）
　通勤電車折り返し勉強法は、この本から取り入れました。

市沢 かおる　合格時年齢：46歳　受験回数7回

●社労士を志した理由
　結婚後、夫が自営業（模型店）をはじめることになりました。自営業の経理の仕事をしなくてはならなくなり、簿記3級、2級と学びました。会計事務所に就職していろいろ実務を覚えれば、ついでに自分の家の経理事務も出来るし顧問料も払わなくていいので一石二鳥だ！　と思いました。子供が2歳と0歳のとき、子供を保育園に預けて家の近くの会計事務所に就職しました。28歳の再就職でした。
　会計事務所に勤めているうち、税理士・社会保険労務士の仕事の素晴らしさを知り、自分でも挑戦したくなりました。30歳のと

き思い切って税理士試験に挑戦することにしました。社労士になりたい気持ちもずっとあたためていて、税理士試験4科目合格後、さらに社労士試験に挑戦することにしました。

●税理士試験4科目に合格するまで（平成元年～7年）

　税理士試験は社労士試験とまったく試験の仕組みや傾向、問題の出方が違い、本当に壮絶な試験でした。税理士試験1科目のボリュームが社労士試験全科目とほぼ同じです。
　ようやく4科目合格に辿り着けたので、さらに社労士試験の勉強をはじめることにしました。
　せっかく勉強の習慣がついているので、欲張ってダブルライセンスを狙おうと思いました。

●辛かったダブル受験の3年間

　平成7年から9年までの3年間、税理士試験と社労士試験のダブル受験をしていました。
　仕事は会計事務所で週3日出社のパートタイマーから正社員フルタイム勤務にかわったばかりでとても忙しい毎日を送っていました。さらに休日には家業の経理・税務申告の仕事もしていました。
　通勤⇒往復約3時間もかかり通勤時間が貴重な勉強時間になりました。
　受験講座への通学⇒毎週土曜日10時～17時に社労士講座、18時から21時に税理士講座を受講しており、土曜日は一日中、受験予備校で過ごしていました。

予習復習が大変で、自分でも「これは、欲張りすぎだ」と思っていました。

　日曜日は、本当は勉強にあてたいところですが１週間分の掃除洗濯や食材の買出しに追われ教材を開く時間もままなりませんでした。この頃、子供は小学３年生と５年生でまだまだ大変な時期でしたが、わが家は自宅で夫が店をやっていたので夕飯の支度や家事など一手に担当してもらい、随分助けられていたと思います。

● 勉強方法

　社労士試験の勉強は最初から通学を選びました。独学では無理だと思っていました。

回　数	内　容
受験１回目	Ａ校土曜日通学コース
受験２回目	Ａ校土曜日通学コース
受験３回目	Ｂ校通信教育
受験４回目	Ｃ校日曜日通学コース
受験５回目	Ｃ校通信教育
受験６回目	Ｄ社学習ソフトで自宅学習
３年間休み	半ば合格を諦め受験を休んでいました
受験７回目	Ｅ校土曜日通学コース

● 受験１回目（平成７年）

　税理士試験の勉強を通じて、国家試験受験勉強の大変さは身にしみておりました。今まで知識のなかった労働基準法や雇用保険法、また健保・年金などの勉強を進めていくうち条文の構成や年金の仕組みなどわかり、会計事務所の仕事をしていく上で非常に

大切な知識を身につけることが出来ました。講座は１回も休まずに参加し模擬試験もすべて受けました。でも、振り返るとどこか勉強に真剣さが足りなかったような気がします。上位７割位の成績でＤ評価（Ａ〜Ｅのうち）でした。

● 受験２回目（平成８年）
　１年目の反省を胸に今度こそ合格するつもりで一生懸命勉強しました。少しは成績も上がり、上位５割位で模擬試験はＣ評価でした。本試験で「あと５点」というところでした。

● 受験３回目（平成９年）
　平日はフルタイムで働き残業も多く、土曜日には一日中受験校に通学……という生活に疲れ、通学は税理士講座のみにして、社労士は通信教育で勉強することにしました。ある程度真剣に勉強しているのに成績が伸びず、やけになっていました。この年本試験で「あと１点」までこぎつけました。

● 受験４回目（平成１０年）
　平成９年にようやく税理士試験の最後の科目に合格し、残すは社労士だけになりました。何としても合格したくて意地で勉強を続けました。しかしまたしても「あと１点」の結果に意気消沈しました。

● 受験５回目（平成１１年）
　心を入れ替えて今度こそ……と言う気持ちでまた受験校に通学することにしました。こんなに勉強しても合格しないなんて……

私はこの試験に向かないのかな？　と気弱になったりもしました。私は、とくに択一式の点数が伸びませんでした。「考えに考えて、結局不正解の選択肢を選ぶ」「ひっかけ問題に見事ひっかかる」パターンばかりでした。

●受験6回目（平成12年）

　平成元年から実に12年にも及ぶ受験生生活に疲れ果て、もう今年限りで受験を最後にしようと思いました。悔いのないように勉強してこれでだめなら社労士を諦めようと思っていました。

　この年の試験は今までの試験のなかで一番手ごたえがあり、初めて合格発表の日に官報を見に行きました。官報を買う勇気はなく、会社の近くの図書館に見に行きました。でも……どんなに捜しても……私の名前はなく、図書館でぽろぽろ泣いた記憶があります。本当にショックでした。それから3年間半ば社労士を諦めて受験から遠ざかりました。

●受験7回目（平成16年）

　受験から遠ざかっていた3年間に、ＦＰ（ファイナンシャルプランナー）の勉強会で何人もの社労士さんに知り合い、やはり社労士の仕事は素晴らしいな……と痛感しました。一度決意したことを途中で投げ出してはいけない……と思い一大決心をしてまた受験勉強を始めることにしました。

　そして……とうとう合格することが出来ました。

●受験を振り返って

　私は受験勉強では、いろいろな事情があり結果的に5校の講座

を受けました。どの学校も一長一短があり社労士試験では「どの学校でないと合格しない」ということはないと思います。地理的な条件や講師との相性もありますので、自分でピンとくるものを選べばいいと思います。授業をすべて真剣に聴いて、模擬試験を受け問題集を何度も解き、まちがった個所を復習すれば誰でもそれなりの力がつくと思います。私の場合、受験2年目位から一応合格レベルには達していたと思いますが、合格に至らなかったのは最後の詰めが甘かったからだと思います。走り高跳びで言えば、バーを楽々余裕で飛び越えられるところまで勉強していればこんなに何年も費やさなくて済んだと後悔しています。

　また、税理士試験と社労士試験のように試験日の近い国家試験をダブルで受験する……と言うのも無謀でした。私の勉強していた時期は、両試験が同じ週か1週間違いでした。二兎を追う者は一兎をも得ず、と言いますが本当にその通りだと反省しています。

　社労士試験は毎年必ず改正があります。私のように何年も受験していいことはひとつもありません。せいぜい2年位で合格するように計画をたてられたらいいと思います。私が勉強を始めた頃は労働時間も48時間の事業所があったし、社内預金の利率は年6分でした。昔の数字や語呂合わせが知識として混在し、非常に苦戦を強いられました。

●最後に

　社労士受験に費やした10年を振り返ってみて、一番大切なことは「やる気を継続する」と言うことだと思います。受験勉強は、非常に孤独な作業です。でも、諦めなければ（合格するまで勉強を

続ければ）いつかは受かる試験です。合格後の自分の姿を思い描いて、頑張ってください。

太田代　徹　合格時年齢：41歳　受験回数1回

●社労士を志した理由

　私は、大学卒業後、外資系コンピュータ会社を3社、マーケティング会社を1社とサラリーマン時代を過ごしながら、「サラリーマンだけで、一生を終わりたくない」といわゆる週末起業を29歳から6年間経験し、ダブルインカムとなり、35歳の時にサラリーマンの収入を上回り、脱サラに成功、時間が自由に使えるビジネスオーナーとなった。

　順風満帆の40歳の時に突然、ビジネス上のトラブルより安定収入が途絶えかけた事が起こり（結果的にトラブルはすぐに解消し、その後収入も安定したが）、その事により人生の保険の意味で全く別の可能性にチャレンジしようと考えた。

　独立可能な国家資格はどうだろう、ほとんど授業にでなかった大学が法学部であったので、その落とし前をつける意味で、独立できる法律の資格にチャレンジしようと考えたが、そのとき社会保険労務士という資格は全く聞いた事もなく、社労士だという人に会った事もなかった。

　ただ試験内容を見ると、科目数が多く（国年と厚年の違いも知らなかった）受験を1回でクリアしている人も40歳以上は極端に少なかったので、この適度の難解さが、チャレンジャブルで、私の好奇心を刺激した。

「おもしろいかもしれない、ともかくやってみよう」

● 1年間2000時間の勉強

　私の場合、労働時間の束縛から解放されていたので、1年間集中して勉強に取り組む事が出来た。

　いろいろな合格体験記の中で、合格者の平均が800〜1000時間の勉強時間という目安があったが、私の場合、大学入試以来、試験勉強の経験も無く、人事・総務の実務経験も全く無く、年齢も40歳になっていたことより、自分の記憶力に自信が無く、「絶対になめてかかれない」と決意し、結果的に2000時間も勉強する事になった。

　また、性格上2年以上の目標設定は自分に向いていないと思い、1年で絶対に合格すると決意した。

　受験予備校はTACの通学コースを選択した。受験のプロのカリキュラムに従い、すべての講義に出席、予習・復習も必ず行い、毎回行われるミニテスト、2科目終了後の実力テストにも万全の体制で臨むことが出来た。おかげで、成績優秀者に毎回名前が載ったので、本当に楽しく勉強が出来た。（勉強がおもしろいと感じたのは人生初めてかもしれない）欲を言えばキリが無いが、自分自身これ以上は出来ない、やり残した事は無いという心境で勉強に集中でき、試験に臨めた。

● え！不合格？

　しかし本番の試験はきつかった。前日、緊張からか一睡も出来ず臨んだ試験、午前の選択式の国年が分らない。午後の択一式の

労一社一も難問で分らない。もしかしたら、ダメかと思った。案の定、試験終了後の回答速報で国年の2点が判明、各受験予備校の合否判定はどこも不合格確定となる始末。ダメだ不合格だ。

　私は落ち込んだ。間違った問題はどの参考書（他の受験校も含め）を見ても記述が無く、この先再度受験するにしても、何に対して努力していいのか分らなかった。こんな馬鹿馬鹿しい試験があっていいものか！

　私には翌年に再度受験する気力は全く残っていなかった。

● コンサルタント会社に就職

　試験終了後、私は、ビジネスコンサルタントの会社に就職した。私にとって7年越しのサラリーマンだ。

　受験勉強のおかげで自由な時間をもっと有効に使う事を思い出したのだ。

　中小企業にISOなどのマネジメントシステムを導入する仕事は非常におもしろいが、私が7年間サラリーマンを離れている間に、年功序列・終身雇用は無く、人事制度は様変わりしていた。年金制度も理解するほど不平等で難解だし、完全失業率も5％を超えていた。

　時代は社会保険労務士を必要としているのかもしれない。

● え！合格？

　11月15日、家に帰ると全国社会保険労務士連合会から郵便が届いていた。まさかと思い、中を見ると「合格証書」が入っていた。私は狐につままれたと思った。

「何で合格なの？」

結局は国年の2点救済があったのだが……

私は合格発表の日すら忘れていたし、1％の合格の可能性も持っていなかった。

今思い起こしても、この時の1年間は自分自身にとって、いわゆる人生の節目だったと思う。

1つのきっかけが無ければ、社会保険労務士という資格を一生知らなかったし、もちろん勉強もしていないし、ましてや再度サラリーマンなどやっていない。

冷静に考えても2000時間をかけて勉強するという事は、サラリーマンの労働時間一年分に相当するので、年収分の金額投資をしている事と同じである。

今後はこの投資を回収しなくてはならない。日本マンパワーの開業講座に参加し、受験以上の実践的な勉強が必要だと痛感しているし、開業する仲間にも恵まれている。

また、新たなチャレンジがある事はすばらしいと思うし、何かの導きが私を社会保険労務士にしてくれたと思っている。

5社の企業に就職し転職し、土日を返上し自分のビジネスを立ち上げ、権利収入を得、1年間勉強に集中し、コンサルタント会社を経験、今後、社会保険労務士という資格がこれらの経験を一本の糸で結んでくれるのだろうか。

この資格に、ものすごく期待している。

自信と希望をありがとう。

大場　康夫　合格時年齢：63歳　受験回数3回

　私の社労士試験の受験は3回です。1回目は試験そのものを生意気にも甘く見すぎ、2回目はまだ甘さが残っていた事と対策の失敗、3回目は心を入れ替えやっと合格した経験の持ち主です。
　以下思いつくままに失敗に学ぶ自分の経験をありのままに記して見ました。結局「本年合格を必達とする強い意志のもとオーソドックスな勉強を惜しまないことが成功への近道である」ことが私の結論です。

●受験志望の動機
　もともと受験を始めたきっかけは、人事担当役員として社内に数多くいるベテラン連中に60歳の定年以降年金の全額受給までの間の対策としてなんらかの資格を取るべきことを日ごろから言っていた手前上、人に言うだけでなく本人も言行一致実践すべしとの自己に課した責任からでした。管理職を長くやっていたこともあり社労士ならやりやすいのではと自分の中で自然に絞られきた資格を数人を誘って共に始めました。

●取り組みの経緯と失敗の連続
　まずは専門学校のパンフレットを各種取り寄せ仲間と検討した結果、日本マンパワーの通信教育を始めることにしました。2002年の秋口に送られてきた教材の入ったダンボール箱を開けてテキストを開いて見たものの、余りの分量の多さに辟易し取り組むこ

ともなく時間を経過させ、翌年5月末になって初めてテキストを読み始めた始末でした。始めると予想したよりも時間がかかり結局ひと通り2回ずつ読んで本試験に臨みましたが試験時間が足りなく思い切り疲れただけで、結果不合格

　　選択28点/40
　　択一26点/70　　　でこの年は終わりました。

　2回目の年もまだ懲りずにゆっくり構えてしまい通信教育も受けず、やっと4月になって再び勉強を始めましたが浅はかにも前年の失敗を十分に生かすこともせず「時間がたりなかったのは問題を一切やらないで試験に臨んだこと」のせいにして今度はテキストを一切読まないで過去問集ばかりを全科目3回やり日本マンパワーの答案練習会に5月から出ただけで本試験に臨みましたが結果はあえなく不合格でした。

　　選択32点/40
　　択一39点/70　　　とそれなりに改善はしていました。

　3回目はさすがに闘争心が沸いてきて9月から過去問に取り組み11月から同じく日本マンパワーの通学コースに週末通いテキスト要点復習セミナー、過去問セミナー、演習セミナー、答案練習会と真剣な気持ちで出席しました。この間、毎日の時間の使い方の最優先順位を社労士試験におき1日1時間、週末は6時間を目標に取り組みました。毎週行われる試験はどういう状況でも選択は80％以上、択一は70％以上の得点を必達目標として自分に課した結果、上記三つのセミナー共目標を達成することが出来ました。通学コースを担当してくだっさた村中先生の熱心でかつ受講生の立場に立ったわかりやすい説明、出来る限りの法律の背景説明を

聞くことが出来、急に霧が晴れた気がした次第です。
　7月から8月初旬の最終模擬試験の他流試合にも意欲がわき日本マンパワー、ＬＥＣ，ＩＤＥ塾と受けましたがすべてほぼ合格ラインを超え、ある程度の自信を持って本試験に望み3年目にしてやっと目的を達成し、早速に村中先生にうれしい報告をすることが出来ました。

●合格するための三要件
　これらの経験から得た私なりの反省と攻略法はきわめて平凡ですが「基本に忠実」であるということです。　＜絶対に今年合格する、来年はないと言う固い意志を持って早め早めに取り組む事！！＞　を前提として、よく言われているように次の三要件は欠かせません。
1.　テキストなどで基本知識を確実に修得すること
　不正確な知識は不安を増幅させるだけで役にたちません。その都度しっかりとテキストで確認して自分の物にする癖をつけることが必要です。また自信がつき応用範囲も広がります。
2.　過去問集を何回も繰り返して行うこと
　過去問が毎年本試験で40％－50％出ています。これをほぼ完璧にこなせば70点中30数点は得点できます。また限られた緊張した試験時間の中で正確さと解答のスピードを求められますがこの解決のためにも不可欠です。私の2回目受験でも過去問を3回やっただけであと一息のところまで得点出来ていることでもおわかりと思います。
3.　法改正について徹底的に理解すること

毎年の様に法改正が多く出題されています。改正点を広く周知したい意図の表れで今後も必ずや同じ傾向が続くこと間違いなしです。各専門学校でやっている法改正セミナーにぜひ参加して知識を確実にしてください。

●勉強の仕方と心掛け
1.　社労士試験は範囲が広く忘却との戦いです。どんなに記憶力が良い人でも苦労している筈です。短期記憶を長期記憶にするには特効薬はなくただひたすらに同じテキスト、同じ問題を繰り返す努力が肝要です。時にはただ問題をやるのではなく何故かと自問しながらするとより記憶に残るでしょう。多くの問題集を買う必要はないと思います。
2.　時間をいかに創るかが大きな課題です。ことに私と同じく勤めながら目指している人には　　会社にいけば会社の思考になっています。帰宅して勉強をはじめてもすぐには社労士の頭に切り替えることは無理と思います。私は通勤時間を利用しました。テキストや問題集から大切なところ、正確に記憶出来ていないところ、覚えなくてはならないところを抜き出してメモ帳をつくりポケットに忍ばせ電車のなかで読み返せば随分記憶に残るものです。私は背広のポケットに入るくらいの小さな帳面にしっかりと書き込んで毎日一冊を持って計4冊を毎日往き帰りの電車内で片道一課目ずつ読み返していました。片道30分としても一日1時間の勉強に相当しますし、帰ってすぐに取り組んでもすでに社労士の思考に変わっていますので勉強に入りやすくお勧めです。
3.　問題集を何回もやると答えを覚えてしまいますが何回も同じ

問題を間違えることがあると思います。これは理解できていないか、考え方が間違っているかどちらかでしょう。この対策としては問題をやるごとに何らかの印をつけ完全に出来る問題と出来ない問題を絞っていくことが必要と思います。そして出来ない問題はそのままにせず必ずテキストなり何なりでつぶしておくべきです。そうしないと答えを知っているだけの不完全理解が不安に繋がってしまいます。また出来ない問題に印をつけることにより本試験近くになって時間をより有効に使わねばならないときにやり直す問題を絞れることにもつながります。

4. セミナーでの試験では他人の成績は余り気にせず自分の得点を意識すべきと思います。自分の成績が本試験の合格ラインレベルに達していれば問題ないのですから。それよりも間違ったところを調べ直して理解し直すほうがずっとあるべき姿でしょう。自分なりに得点目標を定めて頑張ってみるのも励みになるかと思います。

5. マニアックに難しい問題を完璧こなそうとするのは止めたほうが良いと思います。難しい問題もやさしい問題も同じ点数です。やさしい問題を確実に得点するほうがずっと効率的です。

6. 科目別に得意、不得意があると思います。私の場合は基準法と厚生年金法が不得意でした。ある程度の自信がついた時には得意課目により注力するよりも不得意課目に時間を当てるべきです。より効率的に総得点をあげやすいですし、何よりも課目ごとの足きり対策にもなります。

7. 6月ごろからは新聞記事にも注意を払うと良いでしょう。毎日何らかの形で関連記事が出ています。記事を自分の知識で解説し

てみると頭の整理に利用できますし、また一般常識対策にも役に立ちます。

8. 7月に入ると各所で最終模擬試験が行われます。ぜひ何個所かで受けて他者比較を行い、自分の相対的な力を確認すると共に自分の弱点を改めて見つけ出しクリアする機会としてください。

9. 本試験は暑くて体力の弱っている8月にあります。せっかく身につけた実力も体調不良では十分に発揮できません。8月に入ると早めに睡眠時間を十分に取り体調管理に努めてください。ことに1週間前になると試験時刻にあわせて体内時計を調整していくことが肝要です。ことに本試験前日は無理な詰め込み勉強はしないでゆっくり構えて過ごすこと。

　以上思い出しながら私の失敗から学んだ試験対策を書き記しました。読まれた皆様にどれほどのお役にたてるか知るすべもありませんが少しでも参考にして頂ければこの上ない幸せです。

　皆様の合格を心から祈念いたします。

香川　忠成　合格時年齢：45歳　受験回数3回

● きっかけは驚き

　私がこの企画に参加したきっかけは、本書の主たる資料を編集された窪田先生にさる飲み屋で原稿を見せられたからです。その原稿は本書の資料編に掲載されていますが、在職老齢年金の計算方法でした。(この部分は改正点で本年の試験では多分出題されます)

実は、私もこの条文は理解できず、方程式を使って解くことにチャレンジした者です。しかし残念ながら二次方程式となってしまい結局解法に失敗しました。その答えはここに出ていました。しかも中学校でやる一次方程式で完璧に解法しています。その上、図にあるとおりの誰も思いつかなかった28万と48万（平成16年値）の処理を行なって！（聞けば先生は最高学府の理系のご出身とか）この解法は私の知る限り、どの予備校でも教えていませんし、どの参考書にも書いてありません。このマニアックなまでのこだわりを受験生の皆さんに伝えられればと思い、趣旨に賛同し参加することとしました。

● 私の受験勉強

　私は平成16年の試験で三回目にして合格となりました。1年目は大手予備校に通いましたが、どうもテキストが市販のものより劣る様な気がして1年で止めました。それはやはり毎年テキストをきちんと編集をし直していないため、改正法をプリントで対応したりしており、その年に一番重要で絶対マークのところが直っていないなどが原因でした。二年目は独学でやりました。教科書、問題集は市販のものを使いましたが、これもやはり独習者の悲しさで択一式の1点不足で不合格となりました。とくに後で触れますが、問題集を過去10年などにしたため(たくさんやれば良いと勘違いしていた)、やはりずれたところを一生懸命勉強した気がします。三年目、勉強は一人でやり、過去問、予想問題の答練、改正法、一般常識の講座にスポット的に通いました。従って受験の仲間などはできず、模試だけが、私の他の受験生の力を知るバロ

メーターでした。とくに三年間の受験勉強で特筆すべき点は、もちろん昼間は会社で働いておりますし、家では中々勉強もできないので、家の近所の飲み屋でほぼ毎日勉強したことです。私は年に350日位は飲んでましたので、それが当然と言えば当然でした。したがって、2年目の不合格の発表の日に心配で電話をくれたのも大阪の飲み屋のマスターでしたし、転勤後の三回目の合格発表の日にメールをくれたのも埼玉の飲み屋のマスターでした。

● されど受験について

されど受験について考える時、学習は合格するためにするのであって、立法趣旨を深く理解するとか、実務で即活用できる力をつけることではないという事です。極論ですが、社会保険労務士の試験は大変難しい試験で、しかも良くできる人を落とすための試験です。そういった事は合格した後で考えることだと割り切ってください。そこで人の受け売りもありますが、受験する上で私なりに気を付けるべきだと思うことを挙げてみます。

1. 年金を不得意に絶対しないこと

試験の科目別の難易度は毎年変化し予測できません。しかし年金だけは国年、厚年併せて選択式で10点(40点中)、択一式で20点(70点中)と大変大きなポイントを占めています。ぜひいまいちだと思っている方は次の本を読んでみてください。真島伸一郎著『年金がアッという間にわかる本』(住宅新報社)です。私も大阪勤務の時、東京に帰省する新幹線の往復で読めました。時間のかかるものではありませんのでお勧めします。

2. 過去問に早く手を付けること

まず基本を一通り終わらせてから過去問をやろうなどと考えないこと。本試験の問題は一題が大変なボリュームでしかも極めて難解な文章となっています。勉強したところからすぐに手を付けてください。また最近の労働保険、社会保険法令の改正はとても目まぐるしく、余り古いものは役に立たないというより「百害あって一利なし」となる事の方が心配です。過去5年程度の過去問で十分と思います。また、問題そのものの出方を知るという意味で一問一答式の問題集より出題どおりの形で出ている問題集の方が良いと思います。(選択式なら選択させるもの。択一式なら五択そのままで出ているもの)

3. 法改正・一般常識について

この点は初学者や独習者の方の弱い点だと思います。ただし、この分野は受験生の誰一人として得意な科目ではありません。従って合格者の取る程度の得点さえ取れれば良いことになります。問題の難易度は変わっても一般常識ならば『できれば7点・目標6点・必達5点』だと思います。また一人で勉強している方は法改正点が盲点となります。(いくらできても改正法で合否を分けることがある)ぜひ予備校などの直前講座で法改正・一般常識には必ず参加された方が良いと思います。

● 今年の傾向の考え方の中から

今、私たちの身近な問題として、どの社労士のホームページを見ても退職金問題・とくに適格退職年金廃止の関連の出ていないものは無い状況です。これは世の中の流行ですし、受験でも当然マークしなければならないところです。以下マークすべき法律と

主な関連事項を挙げたいと思います。
1. 中小企業退職金共済法
適格年金より持分を移管する場合の積立金の移管の限度の月数が360月より限度が撤廃され無制限となった。
2. 確定拠出年金法
年金基金や適格退職年金あるいは退職一時金制度から持分を移管する場合の積立金の移管の限度額が撤廃された。
3. 確定給付企業年金法
この法律そのものではありませんが、厚生年金基金の代行返上・解散は注意してください。とくに要件などはチエックしてください。厚年・社保一般どちらからでも出題の可能性があります。

金井　勉　合格時年齢：56歳　受験回数3回

● 3回目でようやく合格

　私は平成14年に初めて社会保険労務士試験を受けて以来、平成16年の3回目でようやく合格しました。1回目で受かるつもりで勉強していたのですが、初回の時は「今回はちょっと無理だったなあ」という状況でした。2回目の時は模擬試験などで一応合格圏に入っていたので、合格の期待は膨らんでいたのです。しかし2回目もだめだった時は非常にショックを受けました。選択式の一般常識で足きりに遭ってしまったのです。選択式、択一式とも他はすべて合格圏内でしたが、受験生の誰も勉強していないと思われる20年前の国連決議などが出題され、ランダム回答合戦にやぶれ敗退しました。真に無念・残念な思いをしました。

● 受験動機

　さて、私の受験動機をお話します。平成13年に社労士とは別の資格である1級販売士を取ったのですが、その時点で、独立開業したいとする思いが強くなってきたのです。それはサラリーマンとしての職業年齢は60歳プラスアルファ位しかなく、それでは私生活・職業生活の両面で全く不十分に終わってしまうからです。しかしその時取った資格では独立開業することは無理だったのです。取った資格に一番近い資格が中小企業診断士だったのですが、ある友人から「中小企業診断士の資格を生かして仕事をしている人は合格者の5％位で、独立開業している人は1％程しかいないよ」と聞かされて目標が独立開業ならこれは厳しいなと思ったのです。そうしている内に、その頃たまたま会社の総務関係の職務についた関係から、社会保険労務士ということが浮かんで来たのです。本やインターネットなどで調べ、社会保険労務士が比較的独立開業しやすい資格と知って、180度勉強の内容を転換し社労士試験に挑戦することを決意しました。平成13年の12月1日にインターネットの情報などで評判を聞いていた、秋保先生の「うかるぞ社労士」を購入し、その日から勉強を始めたのです。

● 3年間の挑戦

　テキストを読むだけのまったくの独学でしたので、テキストはよくまとまっていたのに最初は私にとって非常に難解で、1ページを読むのに大変な時間がかかりました。ようやく2月までに2回程よみ、3月からは過去問を3回やりました。その間テキストも平行して読んでいましたが、試験日が近づいた7月からはダイジェ

スト版の「まる覚え社労士」で重点箇所を暗記することに徹しました。そして試験に出るようなことは、あらかた覚えることができたのです。しかし覚えるべきことはほぼ覚えたが、本番では充分な力が発揮出来なかったのです。とくに択一式の労働基準法と年金科目は歯が立ちませんでした。

　2年目は本格的に勉強したのは11月からです。課題はとにかくよく理解していないと、難問化している択一式の正解を導き出すのは難しい。次に択一で合格点に達しなかった労働基準法と年金科目の徹底攻略です。そのために、理解式学習法の真島伸一郎先生の「わかる社労士」と「年金がアッという間にわかる本」を購入し、参考書として利用しました。「わかる社労士」は労働基準法と厚生年金法・国民年金法の理解を助けるために3科目だけ読みました。とくに労働基準法は通達などから出題されるケースが多いので、その補完になりました。「年金がアッという間にわかる本」は年金全般の理解を深めるのに非常に役にたちました。

　あえなく足きりにあった後の3年目の勉強は試験終了後、日をあまり置かずに本格的な勉強を始めました。択一式は2年目で全科目クリアー出来たのですが、合格最低点ギリギリでした。より一層理解を深めるためにテキストを徹底的に読み込み続けました。問題は選択式です。前年の失敗した問題をよくみると5問中2〜3問はテキストを熟読していればなんとか回答できる問題でした。そこでテキストとしていた「うかるぞ社労士」さえ完全制覇すれば選択式対策として他にあれこれ手を出さずに済むことが分かりました。ただテキストだけでは不安なので、1年目の択一で点数不足だった労基法と年金法、また2年目の選択式で点数不足だっ

た一般常識は「わかる社労士」を副読本としました。暗記することは全く考えず、理解に徹したのです。3月からは5年間過去問を3回やったのですが、3回目に98〜99％程の正解率になりました。また予想問題集を1回やり、出来なかったところの復習を2回やりました。これは欠点の消し込みに大変役にたちました。また5月から7月まで連続3回、ある大手受験校の模試を受けました。知識の補充と本番の時間配分に大変役に立ちました。成績は1回目・2回目とも上位成績者として名前が載りました。3回目は夏風邪を引いて絶不調でしたが何とか合格圏内の成績は残すことが出来ました。

さあ本番の受験日です。夏風邪は1週間前にようやく治ったので、体調は大丈夫です。選択式の健康保険法は高齢者の高額療養費で難問でした。私は家族に高齢者がいて老人の高額療養費の話をしていたこともあって、運よく4点を取れました。しかし択一式の健康保険法で失敗したのです。健康保険法は毎年比較的やさしいので、1番最後に回したのです。しかし近年にない難問だったので、時間がなくなってしまいました。見直しすれば出来た問題も何問かありました。他の科目の見直しもやらなければなりません。ざっと見直したところで時間が無くなってしまいました。模範解答をみると選択式・択一式他は全部クリアしていましたが、健康保険法の択一は3点か4点です。多くの受験校の予想では3点救いの可能性はかなり高いとのことでした。しかし発表までがながい3カ月でした。発表は後楽園の受験センターまで見に行きました。健康保険法は3点救いがあってかろうじて合格圏内に達しました。選択式ではすべての科目で4点以上を取り、択一式の総

合点で昨年に比べ6点上りました。名前を見つけたときは感動しました。また、うれしいという以上にホッとしました。これで独立開業という次のステップに向かえるからです。

●私の勉強方法
　私の勉強方法は2年目から理解式に徹しました。1年目の暗記方式では限界があるように思えたからです。条文や制度の内容をよく理解すると、問題を解く場合でも、よく読みこめば自然に回答が導き出せるようになります。また、以前出た問題がどんなに形を変えて出てきても内容がほぼ同じなら、スムースに解けます。さらに、暗記式だと語呂合わせなどで関連づけて、覚えることが多いと思いますが、理解式だとたぶん内容の理解に関連付けられて憶えられるので、何度も何度も読み込むことによって、要件や数字なども自然に頭に入ってきます。無理に暗記しようとする苦しみが無いのです。ですから2年目からは「まる覚え社労士」などのダイジェスト版などは利用しませんでした。テキストに線を引いたり、○をつけたり、コメントを入れたりし、重点的にその部分を読むことでダイジェスト版の替わりとしました。この方が自分にとって必要な部分だけのタイジェスト版になり、すでに理解・記憶してしまった個所を読む無駄が省けます。3年目からは今まで利用していた横断本も必要なくなりました。ただテキストに関連ページを記入しておきテキストを読みながら、その関連ページを読み込むことにしました。この方が横断本を読むより効率的です。また非常に複雑な制度は多少簡略化したまとめを手づくりでいくつか作って理解を助けました。

● 勉強時間

　私の勉強時間は朝早起きして自宅で1時間、往復の通勤電車で1時間、会社帰りに図書館やファーストフード（あるファーストフードでは100円の野菜ジュースで何時間でも粘れる）で1時間、合計2時間〜3時間を基本としました。それに加え土・日・祝日は午前中のみ4〜5時間、午後は家族サービスや自分の趣味でリフレッシュしました。試験日1カ月前からは土・日・祝日・夏休すべて朝から晩まで図書館で勉強しました。また仕事や私用での移動時間、定期的に通っていた病院での待ち時間なども貴重な勉強時間です。とにかく何らかの手待ち時間などは10分でも15分でも勉強するようにしました。2年目の時に全身麻酔での手術が必要な病にかかり、術後の回復期で体調としてはちょっと辛かったけれど、手術の翌日から病院のベットの上でやりました。長い受験期間中には勉強に気が乗らない日も、また体調の悪い日もあります。しかしそういった日は充分に出来ないまでも、少しでもやろうというネバリが必要かと思います。そのネバリが翌日以降の充実に繋がるのではないでしょうか。私も全く勉強しなかった日は1年の中で1月1日のみです。元旦は朝風呂に入り、お屠蘇を飲むことに決めていたからです。

　以上拙い文章ですが、1つでも受験生活の参考になれば幸いです。最後に受験生読者の皆様方の合格を心よりお祈り申し上げます。

窪田　陽一　合格時年齢：63歳　受験回数3回

● 生涯現役を目指して

　人に寿命があるようにサラリーマンには定年がある。定年後の

過ごし方にはいろいろあると思うが、私は健康である限りは、何らかの形で働き続けたいと願っていた。しかし60歳を過ぎても、忙しさにかまけて、具体的に対策を講じることはなかった。

キッカケが突然やって来た。会社の福利厚生の一つとして「自己啓発プログラム」が設けられ、通信教育を受講し、終了すれば補助金が支給されることになっていたが、私も会社の幹部の一人として、率先垂範して参加することになってしまった。どうせやるなら「将来役に立つものを」と資料を取り寄せて、「社労士」、「司法書士」、「行政書士」、「中小企業診断士」などを比較検討した結果、60歳代以上の合格者が他の資格に比べ多かったこと、自分の経歴では人事部、法務部の経験が長かったことなどから社労士を選んだ。

平成14年5月のことである。61歳4カ月の時であった。試験まで3カ月しかないが、どんな試験か様子を見たいと思い、すぐに願書を出した。簡単な参考書を2〜3冊買い求めて一夜漬け同然で平成14年8月25日に第一回目の受験となった。2〜3年で受かれば良いと思っていた。

午前中に8科目40点満点、所要時間80分、午後には7科目70点満点、所要時間3時間30分という大変ハードな試験で、問題を読むのが精一杯で見直しの時間はほとんどなかった。結果は24点と30点で、惨敗。

● **通信教育開始**

日本マンパワーから、送られて来た通信教育の教材は、テキスト10冊、問題集2冊、添削問題8回分、その量の多さに圧倒され

たものの、立場上途中で投げ出すわけにも行かず、土、日に、テキストと首っ引きで課題に取り組みなんとか答案の提出だけは果たした。

　そろそろ第二回目の受験勉強に本腰をいれようと思っていた矢先の平成15年5月、親会社から子会社の社長を辞任し、顧問になるようにとの連絡があった。寝耳に水のことであった。新事業を立ち上げている重要な時期であり、私の意欲も気力も充実している時であったので大変ショックを受けた。しかし、「いずれリタイヤする時が来るのだから、物は考えよう、勉強する時間をタップリ貰ったようなものだ。むしろチャンス到来なのだ」と発想の転換をして、本試験までの3カ月間、寝食を忘れるほどの猛勉強をした。しかしながら、平成15年8月24日の本試験も27点と26点で惨敗。

　2回目の受験とは言え、正味3カ月では、やはり無理であった。

● 通学コースに参加

　10月から、心を入れ替えて日本マンパワーの通学コースに参加することを決意。週1回（土か日）10:00～17:00学校へ通った。会社へは、火、水、木、金だけの出社となっていたので毎週3連休となり、勉強時間はたっぷりある。休日は、10時間、その他は5時間勉強することをノルマにした。

　翌年6月までの約8カ月間、真面目に通学し、一週間に一科目のペースで進められる講義に必死になって付いていった。しかし暗記力の衰えは覆うべくもなく、チョット前に勉強したこともすぐ忘れてしまう、毎週あるテストも5～6割しか取れず、自信を

喪失しそうになったことも度々あった。毎週一回の通学も気が重く、元気が出ない。

● **方針変更**

6月中旬に一大決心をする。「このままでは自分を見失ってしまう。まわりのペースに惑わされず、地道に自分の力をつけることが大切だ。新しい知識を増やすことより、基本事項を落とさぬように徹底的に復習しよう」、「ここで止めたらこれまでの努力が水の泡だ。どんなに辛くても途中下車はすまい」

そして、通学を中止し、模擬テストに一喜一憂せず、自分のペースで勉強し、基礎事項の確認と、好きな労働科目を伸ばすことに努めた。苦手な年金科目は5点取れれば良いと割りきった。残された2カ月間、無我夢中で、大学受験時代に勝るとも劣らない努力を続けた。平成16年8月22日、3回目の受験。

● **自己採点**

試験終了後、自己採点してみると、35点と45点取れている。足切りに引っかからなければ合格確実だ。しかし、世の中そんなに甘くはなかった。厚生年金保険法が1点足りない。その厚年法に1題、どこに○印をつけたか不明なものがあった。持ち帰った問題冊子には、なんの印もない。それが正解なら合格、誤りなら不合格という事態になった。

試験発表までの80日間、希望と不安のはざまで揺れ動いた。

眠れぬ夜も夢でうなされる夜も幾度となくあった。

10月初旬、気分転換に家族と京都旅行に出かけ、清水寺でおみ

くじを引いたら、なんと「凶」が出た。曰く「願い事かなわず、商い成功せず、待ち人来たらず、万事ままならず、待つことあるのみ」冗談だとしてもキツ過ぎる。精一杯努力したのだから、正に、「待つことあるのみ」であることは確かだと、自分を慰めた。

●蜘蛛の糸

11月12日、発表。

細い蜘蛛の糸が天上から垂らされて来たに違いない。合格者の中に自分の名前を見たときには信じられない思いであった。点数は、35点と46点であった。あの1題は正解だったのだ。（合格基準は、27点と42点）糸が切れなかったのは、「後から登って来る人たちを助けよ」との神仏の思し召しと心得て、この資格を生かして行こうと肝に銘じ、今も毎週学校に通い、研修に励んでいる。

あしかけ2年3カ月の受験勉強ということになったが、4,850名の合格者の一人になれたのは、「運が良かった」というに尽きる。そして、この運を呼び込んだものは、挫折にめげず勉強を続けたこと、つまり「継続は力なり」によるものであったと確信している。

現在勉強中の皆様には、どうか夢と希望を持ち続けて最後まで諦めず頑張っていただきたいと思います。

下川原 篤史　合格時年齢：37歳　受験回数3回

●受験を考え始めた年に海外赴任！？

私が社会保険労務士の資格取得を漠然と考え始めたのは平成5年。試験に合格したのが平成13年とかなりの時間の開きがありま

す。何故なら受験を漠然と意識した直後に海外赴任が決まり、5年後に帰国して受験に取り組みましたが時間の使い方と学習方法を誤り、回り道を余儀なくされてしまったからです。当時は大手スーパーから設立間もない外国人研修生を企業に受け入れる団体に転職して1年が経過し、仕事上で労働法や社会保険についての断片的な知識をかじる程度で顧客先企業や外国からの研修生に対して適切なアドバイスが出来ない自分にもどかしさを感じていました。

　そんなある日、インドネシアのジャカルタに新設される駐在員事務所へ赴任することになりました。赴任後暫らくは現地の生活に慣れるのと仕事を覚えるのに精一杯でしたが、慣れてくるにつれ赴任前に仕事の関係でお付き合いさせて頂いた社会保険労務士の先生方が、組織に縛られずに専門的知識を生かして独立して活動されている姿が思い出され、今まで断片的に首を突っ込んだ程度の法律知識を体系的に整理して武器といえる専門分野にまで高め、帰国後は自信を持って顧客先にアドバイスができるようになりたい、最終的には独立できれば、と思いは膨らみ任期満了を機に帰国した年の平成10年10月より翌11年の合格を目指し受験勉強をスタートしました。

　私の場合受験時代から時間が経っているため、どんな参考書や問題集を使用したのかを具体名を敢えてあげておりません。合格した平成13年度の勉強方法を紹介しつつ、1年目・2年目に欠けていた点を振り返り、早くから受験を意識したにもかかわらず何故合格まで3年を費やしてしまったのか、私のように無駄な回り道をしないためにも失敗経験が参考になればと思います。

●背水の陣を敷いた３年目

　２度目の不合格後、２度の敗因を真剣に考えました。１年目、２年目を通じて欠けていたのは過去問の繰り返し学習と、そして何より限られた時間の有効活用と絶対に合格するんだという確固たる意志が足りなかったように思います。受験開始当初から合格までの３年間私の担当業務は一貫して担当エリアである神奈川、静岡の顧客企業とそこに配属されたインドネシアからの技術研修生のフォロー業務で、労務に関わる問題の他言葉や生活習慣の違いが原因のトラブルや雑多な相談業務が日々舞い込み、就業時間後や休日に出向いてその対応にあたることが多く残業や休日出勤が常態化していました。

　１年目はある受験校の日曜通学クラスに通いましたが、受講出来なかった場合の振替え受講にも出席する機会を逃すといった有様で、結局一部の単元については基本テキストを読むのみで解ったつもりになり、単元ごとのミニテストで理解不十分な点を確認するという作業を繰り返していました。今振り返ると噴飯ものですが、「過去問演習は全科目が終わってからやろう」「時間が無いのだから仕方がない」「社労士試験は難しいのだから１回で合格できないのは仕方が無いのではないか」と試験直前の６月頃（当時は試験が７月下旬でした）にすでに頭を過ぎる始末。

　これでは戦わずして勝負は見えたと同じです。結局１年目はテキストの読み込みはできたものの過去問は１回やっただけであえなく不合格でした。

　２年目は通学では時間的に厳しいと判断し通信に切り替え、前

年に不足していた過去問演習と同時並行で年明けからスタートしましたが、最後までペースを掴めず時には怠け心に負けながら過去問演習も疑問点を残したまま中途半端な状態で試験当日を迎え、択一で数点及ばず2度の敗退を喫しました。

相変わらず残業と休日出勤に追われながら限られた時間にいかに勉強時間を確保するかが3年目の課題でした。そこで考えたのが、勉強できない状況でも勉強する方策、これが細切れ時間のテープ学習でした。

●細切れ時間の有効活用

3年目は心機一転受験校をTACに換え、土曜通学クラスに通いました。TACにも振替え受講制度があり、1度受講した講義をもう一度TACの他校の授業またはカセットテープで受講することができます。1度目は講義に出席し、もう一度はカセットテープ講義をダビングして受講済みの科目については通勤時間はもとより仕事中の移動時間、趣味のジョギング中や自宅でアイロン掛の際などテキストや問題集を目で文字を追えない場面にカセットテープを聴くことにしました。「覚えては忘れ、忘れてはまた覚える」の繰り返しが社労士試験ですが、TACのカリキュラムをベースにすでに受講した科目について細切れ時間にテープを回しテキストを再度開いた時には講師の声が耳に甦るくらい繰り返し聴きまくりました。

土曜クラスの授業を軸に予習はせず復習に重点を置き、授業後翌日の日曜までに復習を終え、休日出勤で出席できなかった時はテープをダビングして毎回の授業ごとの「ミニテスト」、2科目ご

とに行われる「実力テスト」で高得点を取ることを目標にしました。とくに実力テストではクラスごとに上位10位以内に入ると成績優秀者として名前が載るので、名前が載ることを目標に置き、その結果すべての実力テストで成績優秀者として名前を載せることができました。

　模擬試験はTAC以外にも合計5回受験し、隣り合わせになった方と知り合いになり、自分の受けた模試とその方の受けた模試を後日互いにコピーし合って交換しましたが、結局戴いた模試の分については全科目をこなせず消化不良となってしまい、選択式と一般常識科目についてのみ予想問題として活用しました。

●救済措置に助けられる

　近年は問題の難化が進み毎年のように選択式、択一式のどちらかあるいは両方で救済措置が採られていますが、私が合格した平成13年度より前の試験では救済措置は採られていなかったのではないでしょうか。この年は選択式の労基・労安、厚年、国年の3科目で2点救済がありました。国民年金で2点を取ってしまった私は試験終了後配布される解答速報で国年2点を知り、試験会場の青山学院大学から渋谷駅へ向かう宮益坂を呆然と歩き、そのまま家に帰る気持ちになれず居酒屋で、独りやけ酒をあおった事を覚えています。後日の各予備校の模範解答で択一が53点、全科目4点以上得点出来ていただけに試験後暫くは選択式の国年2点が頭から離れず、毎朝目が覚めると同時にこれを思い出し悲嘆にくれる日々が続きました。幸い異例の救済措置に救われ3度目の挑戦で受験生活を終えることができました。平成13年度以降16年

度まで毎年救済措置が採られています。安易に救済措置を期待するのは賛成できませんが、受験校で練りに練ったカリキュラムを忠実に繰り返し、基本事項をきちんと押さえた上で真剣に消化し、なおかつ得点出来ない問題は他の受験生も出来ないのです。直前期は予想問題集の類の難問・奇問に惑わされて貴重な時間を費やすよりは過去問や模試の見直しに留め、新しいものに手を出さないことです。

● これからの展開

　合格後は東京都社会保険労務士会に勤務登録し、知識の劣化を防ぐため研修会へ積極的に参加して業務に反映させるように勤めていますが、現在の自分に本当に満足しているのか、自分を活かすべきステージは他にあるのではないか、社会保険労務士としてもっと自分を高めていきたいと考え、日本マンパワーの開業講座に参加し、良き仲間を得て約半年間にわたって開業に向けて互いに切磋琢磨の日々を過ごすことができました。

　いろいろ回り道をしましたが時間との闘いの中で自分なりの成功法則を模索し続けた受験時代の苦労は社労士業務にもきっと生きるものと考えています。

鈴木　道生　合格時年齢：45歳　受験回数４回

● 社労士を志した理由

　私は、平成16年に、4回目の受験でやっと合格することができました。昔から勉強など真剣にしたことが無く成績も下から数え

たほうが早かった自分が何とか受かることが出来たことを書いてみたいと思います。

　私が社会保険労務士の資格を取ろうと思ったのは、平成12年の秋頃だったと思います。

　そのきっかけは自分の妻が社会保険労務士の事務所にパートで勤めていて仕事内容を毎日聞いているうちに段段と自分もやってみようかなと思うようになったことによります。自分には資格と言えるものが何も無かったのですが、昔から何かあったらいいなとは漠然とは思っておりました。10年位前には通信教育で中小企業診断士の勉強を少しかじったこともありましたが、本当にやりたいと思っていたわけではなく、なんとなく自分に合っているかなという程度のものでしたので昔から勉強する習慣の全く無い自分にとっては長続きするわけも無くいつの間にか投げ出していました。

　その当時より自分はこのまま会社にいて将来どうなるのだろうと不安を抱いておりましたが、ある程度仕事に慣れていた身にとっては変化を恐れていたのでしょう、そのまま時が過ぎてしまいました。でも今回はここで何もしなかったらこのままで終わってしまうかもとの危機感がかなり強かったように思いますし、妻も応援してくれましたので「今度こそ」という覚悟で挑むことになりました。

●教材は何にするか

　それまでは社会保険労務士という名前だけをなんとなく知っていただけでどのようなことを勉強するのかも知らなかったので、

まずパンフレットで検討した結果、仕事の関係上通学コースは無理なので、ビデオを使った通信教育を利用することにしました。ところが送られて来た教材を開けてみてびっくり。量がやたらと多い。こんなのを8月までに終わらせることが出来るのだろうか。自分にやり遂げることが出来るのだろうか。不安が先に先に立ってしまいましたが、とにかく気を取り直して始める事にしました。が、いままで勉強する習慣がないのでなかなか手につきません。明日から明日からと思っているうちに日が過ぎてしまい、本当にまずいと思い手をつけたのは2週間位経ってからだと思います。
さて、いざとなって始めようとした時に悩んだのは勉強方法についてです。今まで、法律の勉強などしたことはありません。教材についている勉強方法や合格者の体験記などを読むと過去問演習中心で何回も繰り返し解くこと、とありますがとにかく知識がゼロなのでまずビデオ、テキストにて知識を吸収することより始める事にしました。もともと勉強などする習慣が無いものですから予定など立てられません。とにかく時間が空いたら家ではビデオを何回も見る。電車の中、会社での昼休み、仕事で外出したときには無理やり時間を空けてコーヒースタンドでテキストを読む。これの繰り返しでした。しかし毎日出来るものではありませんでしたし、土曜、日曜などは他の誘惑に負けて勉強しないことなどしょっちゅうでした。ビデオで学習している時はわかったつもりでいたのですが、そのあとテキストを読んでも読んでもすぐ忘れてしまい、忘れたところを振り返っているばかりでしたので過去問など手をつける余裕もなく気が付いたら本試験直前という有様です。

今回は慣れるということで本試験を受けることにしましたが、今までではインプット学習しかしていませんし、アウトプット学習は全くといっていいほどしていません。本番では問題の時間配分が分かりませんでしたので、最後は適当に穴埋めをしなければならなくなるという悲惨なものでした。当然のことながら不合格です。

●２年目
　もったいないとの理由で、前年の教材をそのまま使用する事にし（これは失敗でした）、通勤時間の電車の中、昼休み時間はテキストの読み込み、家では前年のビデオの再度の見直しと過去問を中心に勉強するつもりでしたが、まだまだインプットが足りないためなかなか過去問が解けず、いつの間にか家でもインプット学習が中心となってしまい、過去問の演習不足となってしまい前回と同じ過ちを犯してしまいました。結果は不合格です。択一式は20点台という散々たるものでしたが、選択式は何とかクリア出来ました。

●何とか気を取り直して３年目
　前回の失敗は繰り返すまいとの意気込みで過去問中心で攻めようとは思いましたが、忘れていることが多く、あれはなんだっけと振り返ってばかりいてなかなか進みません。気が付くと春になっています。よく雑誌などでは過去問は最低５回は繰り返すこととありますがとても間に合いません。焦りばかりが先に立ち、頭の中では何回繰り返せるのだろうとのことばかりです。勉強時間も余り確保出来なかったこともあって不合格となってしまいまし

た。択一式は少しは良くなって30点台。選択式は今回もクリアしていました。

●憂鬱な気分で４年目
　もう1年やらなければと思うとかなり憂鬱な気分です。しかし今度こそ過去問中心で行くと固く心に誓い、9月より始めました。通信講座の再受講講座を申し込んだのですが教材が届くのは11月のため、あまり改正点のなかった安衛法より始めました。テキストは今まで何回も読んでいます。改正点は法律全体が変わるわけではありません。部分的なものです（量の多少は当然ありますが）。したがって本試験直前に整理することに決め、とにかく過去問中心に勉強をし、問題の解説のところでは、解説文のみにとどまらずテキストにて該当個所を確認することを徹底的に行いました。（過去と似たようなことをやっていましたが、進み方が全くちがいます。今までのことは無駄では無かったようです）。とにかく1日最低2時間は勉強することを目標にし、朝早く目が覚めたときは出勤時間まで問題を解き、夜も1時、2時までかかることはザラでした。
　この状態を試験直前まで持続することは出来たのですがかなり大変でしたし苦痛です。その中でやはり大勢の受験生共通の悩みである一般常識をどうするかが一番の問題でした。過去問をみてもそれぞれの法律の問題の数は多くない。どんどん難しくなっている試験にこれだけで対応できるのだろうかとかなり不安です。今まで厚生労働白書、労働経済白書を購入したことはあるのですが読む時間はありませんでしたので、一般常識対策の問題集を購

入しこれだけで対処することにし、電車の中、昼休みは一般常識、家ではその他の科目勉強を続けました。

●試験当日
　少し失敗してしまったのは、前夜、早く寝なければと思いビールを飲んでいたら寝不足となってしまったことです。会場についても少しボーっとしています。何とか気合をいれて選択式に挑んだのですが健康保険で目が覚めました。高額療養費の問題です。それも5問すべてです。この部分は過去に勉強して覚えていたつもりでしたので前夜見直していませんでした。しかし数字が思い出せません。考えれば考えるほどわけが分からなくなってしまいました。今回は絶対に受かるという根拠の無い自信がなぜかあったので余計パニックになってしまい頭の中は真っ白です。それでも何とか穴を埋めたのですが午後の択一のときにもこの事が頭から離れません。気になりつつも択一はかなり出来たとの手応えがありましたのでなおさら選択の健保が気になります。急いで帰ってから確認をしたらCの穴だけしか合っていません。1問救済など聞いたことがありませんでしたのでショックはかなりのものでした。もうだめだと思い、またまた通信教育の再受講の申し込みを行い、ぼちぼちと勉強を始めましたが1問救済の可能性をわずかに期待していたのでしょう、あまり手につかないまま発表日を迎えました。

●発表日当日
　もしかしたら、という気持ちがやはり強かったため、官報を買

いに行ったのですが怖くて見れません。帰宅してからも見ることは出来ません。きっと明日書留が来ることを期待しながら酒飲んで寝てしまいました。

翌土曜日の午前11時半に合格通知が来ました。配達の人の持っている封筒に連合会という文字が見えたときの感激は一生忘れる事が出来ないでしょう。受け取ってから今までの事を思い出しながら、これで受験勉強から開放されると思い、昼から乾杯です。

●**最後に**

私には、人に教えられるほどの勉強方法などありませんでしたが、これから受験される方に言いたいのは、ありきたりのことですが、いろいろな人の合格体験記にある通り絶対に諦めてはいけないということです。よく受験は3、4回以上は難しい、歳を取れば取るほど不利であると言います。確かに合格者の割合は少ないかもしれません。しかし真剣に受かろうと思って努力すればそのようなことは絶対にありません。私は今回それを実感いたしました。(ただ、だらだらと勉強するのはいけません。ある程度の我慢と集中は必要です)。

本当に受かって社労士の仕事をするという強い信念があれば、幾つになろうとも、何回落ちようとも関係ないと私は思います。

また、テキストはケチってはいけないと思います。法律は毎年変わります。テキストの訂正部分を自分で書き入れることは面倒くさいですし、結構時間を取られます。(自分は2年目でこれをしてしまい、大変な目にあいました)。合格する喜びに比したら毎年、新しいものに変えることは安いものです。

最後に絶対必要なのは家族の理解です。勉強中心の生活になるので家族サービスはかなり制限されるでしょう。この理解が得られないと大変なことになってしまい勉強どころではなくなってしまうと思います。
　とにかくまず続けるという強い意志があれば合格の可能性は大きくなります。以上の事を皆様にお伝えして諦めないで夢を現実のものにしていただきたいと思います。
（使用教材→すべて日本マンパワー通信講座）

戸嶋　淳　合格時年齢：32歳　受験回数３回

●私がこの資格を目指したきっかけ
　入社５年目くらいの時にふとした時に「何故、こんなに税金や保険料が引かれているのだろう？」と思ったことが最初のきっかけでした。

●合格までの道のり　－独学か通学か－
　勉強方法については、当初は独学でやってみようと思い、参考書選びをしていましたが、選ぶ前に法律用語の意味や条文解釈が全くわからず、独学は厳しいと気付き日本マンパワーへ入学しました。通学のメリットは授業でわからない点をその日のうちに質問することで解決できることです。とくに条文解釈については不明点があれば次に進んでもつまずきの原因となり、そのことが積み重なると、その教科がいやになり不得意教科になるばかりか、最悪の場合は勉強そのものが嫌になり諦めてしまう原因になりま

す。マンパワーは講師陣が非常に優しく丁寧であり、こちらが理解するまで何度も教えてくださいました。

　もう1つのメリットは周囲と話すことで自分の勉強方法が現在正しいのか確認できますし、仲間の勉強方法を聞くことでより効率的なものに修正できることです。苦手科目（部分）についても仲間に質問をすることで効果的に克服することができます。苦手科目（部分）は自分だけではありませんので、周りもその話に入ってくる。次第に、自然とその輪は大きくなっていて、その輪の中に自分はそれが得意だという仲間がいて、教えてくれたりするのです。さらに話が展開し自然に（勝手に）その日とは関係のない科目（部分）の話になり、横断学習になっている時がありました。

●勉強方法をリセット　－新しい学習方法の取り組み－

　私は受験3回目で合格できました。1年目はただひたすら暗記でした。また、苦手科目は後回しでしまいには手をつけずに試験に臨みました。それでもあと数点でしたので、2年目は苦手科目の早期着手及び問題数を増やしました。ある程度自信を持って臨んだ結果は1年目よりひどいものでした。ちなみにこの年は合格点も高くなっており、と言う事は1年目より簡単だったということでショックは大きいものでした。3年目は今までの方法をリセットし、暗記に頼るのではなく徹底した理解に努めました。

●1～5月までの勉強方法

　その週の科目学習の前週に宿題、当週に試験がありました。宿

題は授業の前に提出します。よって、次のような1週間のスケジュールをたてました。

　　　　月～木曜日→日曜日の復習（試験問題中心）
　　　　金・土曜日→テキスト予習・宿題

　土曜日は基本的に休養日でしたが、仕事が忙しかったりすると、土曜日に宿題をしました。

　また、予習はあまりできませんでした。1週間の勉強時間の内6割は復習にあてていました。この時期に復習しておかないと6月以降（答練）がつらくなります。この勉強は「忘却との闘い」と言われますが、答練までに少しでも知識を残しておくには復習の繰り返ししかありません。また、復習に重点を置いたのは、問題を解くテクニックに偏ることを防ぐためでした。解けなかった問題は何故できなかったのか、どこがわからなかったのかを徹底して復習しました。問題文とその問題文を解くカギである条文（通達）をノートに書き出し、自分で解説書を作成しました。また、正解した問題も復習しました。本当に理解して正解したのか、「マグレ」ではなかったでしょうか？　マグレは不正解よりも厳しく復習してください。このように宿題や試験を復習するだけでも結構時間はかかります。1日の勉強時間（授業日を除く）についてですが、目標は4時間でした。これも仕事が忙しいなどの理由で毎日はできませんでした。実際は3時間位でした。通勤時間と朝、夜の喫茶店での勉強が主でした。でも、テスト2カ月前は4時間以上しました。（朝は7時に喫茶店、夜は最低1.5時間勉強してから帰る、というノルマを作りました）

●6〜7月前半までの勉強方法

これまでの間に少なくとも1科目2回は繰り返しているはずです。また、これからはアウト・プット及び答練の時期です。答練だからと言って勉強方法は変えませんでした。テキスト及び頻出事項定着講義テキスト並びに今までの試験問題、宿題（自作ノート含む）の見直しを中心にしました。あえて付け加えれば学校から配布されている「過去問攻略ブック」を完全にマスターすること、試験、宿題で間違った問題をテキストの解説文と一緒に頻出講義テキストのメモ欄にすべて書き込み、自分の間違える時のクセ（いわゆる弱点）の把握、分析をしました。答練は真剣に取り組んでください。私は全教科で50位以内を目標にしました。本試験は選択式で各問3点以上でないと択一式でどんなに成績がよくても合格できません。（年によって選択式は教科によって2問以上でいい時もあります）練習を適当にやっていると、絶対に本番でもうまくいきません。しつこいですが、間違った問題は必ず復習してください。暗記による学習方法より、理解型学習の方がこの後の時期に効果を発揮します。

●最後の1カ月の勉強方法

いよいよ仕上げと弱点教科克服の時期です。

私は仕上げに今までの試験、宿題問題を再度見直しました。横断学習をしたのもこの時期です。理解型学習で基礎固めをしておいたので効果的でした。私が苦手だった教科は安衛法と一般常識の社会保険でした。この2科目だけはひたすら問題を解きました。問題といっても市販本ではなくあくまでテキストや学校で配布さ

れたものです。他に、厚生年金保険と健康保険が苦手でした。よって他の教科より時間をかけて理解に努めました。自分が怪我をしたらどんな手続きが必要なのか、会社を長期休暇したら補償はあるのか、年金だと何歳からどのくらいの支給があるのか、何年加入が必要か、妻がいたらどうなるのかなど実例を法律に当てはめて考えました。また、1週間前にやっと直前予想問題を買いました。新たに知識を吸収するためではなく、あくまで本番対策です。この時期は毎日本試験と同じ時間で問題に取り組みました。とくに択一式は7教科70問を解くのですから時間との戦いにもなります。自分の得意教科から始めるのか、その逆がいいのかは何回か試してみた方がよいでしょう。私は苦手だった社会保険科目からやりました。そちらを最初にやった方が集中でき、得意科目で時間を挽回できると判断したためです。話はそれますが、苦手科目の克服方法についてです。得意教科についてですが、あったほうがいいと思います。ただ、確実な得点源といった程度でよいのではないでしょうか。この勉強は得意科目を磨くのではなく、いかに苦手科目を克服するかがポイントに思います。

●試験当日

　試験場には1時間半前に入りました。会場の雰囲気に慣れるためです。また、会場に着く前には各学校で選択式の予想問題を配布しています。これは一応解いてみましょう。そんなに難しい問題ではないので、解くことで落ち着くことができます。あとは自分以上に勉強してきた人はいないだろうし、このブロックで合格は自分1人だろうと自信を持たせるように言い聞かせました。

いよいよ試験開始です。選択式は正攻法でいきましたが、健康保険法で苦戦しました。でも午後のほうが難しいですし、時間も長いので気持ちの切り替えに努めました。おかげで、予定通りの順番（社会保険、労働保険、一般常識の順）で始めることができ、予定通りの時間に終了、見直しもできました。（後でわかったのですが、見直しで国民年金2問も正解を導くことができました）選択式の健康保険は1点以上でよいという救済措置がありました。（異例だと思いますが）私は2点でしたので救済措置で助かりました。午後の択一式に午前中の失敗をひきずっていたら、恐らく今年も駄目だったでしょう。

●絶対に諦めるな！

学習期間は半年から1年です。いずれにしても長い期間ですので、結果がついてこないことが原因で挫折する時期があると思います。絶対に諦めないでください。自分がこの資格取得後何をしたいのか、何をしたくて学習し始めたのかを思い返してください。少しくらいの挫折は仕方ありませんが、諦めだけはしないでください。初学の方は法律用語の暗記や条文解釈で非常に苦労されますが、反って素直に理解が進むので十分合格できます。仕事と両立している方は時間の制約が大きくとくに大変だと思います。会社に内緒で勉強している方も多いと聞きますが、身近に理解してくれる方がいれば、打ち明けてもいいのではないかと思います。内緒がストレスになるのは勉強の上では余計なことです。

最後に、寄稿にあたり、素晴しい環境作りをくださった事務局の皆様、何度も親切にご指導くださった講師の皆様、独立開業講

座の同期の皆様に感謝申し上げます。

中村　俊之　合格時年齢：48歳　受験回数4回

●はじめに

　私は4回目の受験で、平成14年に合格しました。合格後2年を経て、満50歳を機に平成17年1月から社会保険労務士事務所を開設しました。

　社会保険労務士試験を受験される方はそれぞれ置かれている立場が異なっていると思います。年齢しかり、家族の状況、会社での役割、金銭的な面、勉強に割ける時間、気力・体力、社会保険労務士を目指す動機……などなど。社労士の試験合格が山の頂上とすれば、それぞれが異なる環境の中で頂を目指すことになりますので、一つの方法しか合格の道筋がないということはないと思います。いろいろなルートがあってしかるべきだと思います。皆さんが自分の置かれている立場、環境をよく理解し、自分にあった方法を見つけ出すということが大事だと思います。私の体験記もそういった目で見ていただき、是是非非でよいところは取り上げ、ダメなところは読み飛ばすというスタンスが必要だと思います。この本を読まれた方の中で私の体験記が少しでもヒントになれば望外の幸せです。

●私の置かれていた状況　〜旅立ち〜

・家族は妻と子供一人（受験時13歳、合格時17歳）
・家は持ち家ですが、ほぼローンも完済していました。

・仕事は人事総務業務で、会社入社以来一貫して人事畑を歩んでいました。
・会社は当時たいへん苦しい状況にあり、リストラや人員の縮減を毎年のように行なっていました。最終的には企業が生き残るために会社分割を行ない、私は分割して新たに設立された会社に転属しました。
・社労士試験を受ける動機は、人員縮減に伴い業務の範囲が広がり、社会保険・労働保険関係についてきちんとしたものを身につける必要があったことと、ほんやりとした考えでしたが万が一会社が倒れたときに何か公的資格といった武器を身につけていく必要があると感じたためです。
・通勤は会社と自宅が比較的近いこともあり、30分程度でした。
・習慣的に朝早く起きることとしていたため、朝に比較的まとまった時間が取れる状況にありました。

　さて、こういったシチュエーションの中で私の4年にわたる社労士試験の山登りは始まりました。

●受験団体との関係

回　数	内　　容
受験1回目	通信教育
受験2回目	TAC通学コース（土曜日）
受験3回目	早稲田セミナー答案練習通信コース
受験4回目	独学

●山の頂を目指して！

・受験1回目（平成11年）

　登山道の入口に入りましたが、この頃は社労士受験についてあまり真剣に考えていない時期で、会社で行っていた通信教育のテキストで漫然と勉強をしていました。勉強時間はとくに縛りもなく、気の向いたときにテキストを読む程度でした。勉強し始めたのは年明けで、半年程度の準備期間では結果は火を見るよりも明らかで、箸にも棒にもかからない状況でした。

　山を登るのに、山の高さも知らなければ、地図もない状況でした。

・受験2回目（平成12年）

　勉強をしていて、通信教育は時間配分の裁量は効くが、どうしても安易に流れてしまうことを痛感し、強制的に勉強する時間を取らなければならないと考え、受験団体のセミナーに参加することにしました。平日夜は会社の業務の関係で時間が読めないこともあり、土曜日に集中的に勉強するようにと土曜の通学コースを選びました。

　この年の勉強では、全科目について体系的に勉強できたことは非常に有意義で、このときが真に社会保険労務士試験への扉を開いた瞬間でした。ただ、会社の状況も非常に厳しく、なかなか集中して勉強できる気分になれませんでした。今思えばまだ受験に対して真剣味がなかったというのも事実でした。勉強は土曜日のセミナー中心でした。平日会社から帰ってからは時間があればという考え方でしたが、会社もバタバタしていましたので、「明日は頑張る」などと安易な気持に流れてしまっていました。

結果的には択一式の合格点に4、5点足りず、実力が不足していたことは歴然でした。
　山は登り始めたものの、5合目くらいで日が暮れた感じです。
・受験3回目（平成13年）
　2回落ちますと真剣に取組まねばという気持が強くなってきました。試験の様子や問題の傾向も分かり、単に漫然と勉強するだけではなく、自分にあった勉強方法を模索する必要があると気付きました。すなわち、山のルート探しが始まったのです。
　今までの勉強方法は、基本書で体系的に勉強することに主眼が置かれ、実践力が足りないと思いました。また、よく試験傾向を調べてみると試験問題の中に何度も同じような問題が出ていることがわかり、合格の近道は問題を解く力を身に付ける必要があると思いました。
　受験団体で答案練習の講座がありましたので、それを受けることにしました。答案練習では成績優秀者を実名で公表していましたが、自分のモチベーションを高めるためにある人（前年の通学コースでも一緒の方）を目標に据え、その人よりも良い成績が取れるように取組みました。
　勉強時間はずっと土曜日中心で、平日は会社が終わってからとしていましたが、あるテレビで「頭が一番冴えているのは朝」というような内容の番組があり、また朝会社で仕事をするまでに結構時間があることに気付き、朝に集中的に勉強する方法に切り替えました。平日の勉強時間は、朝5時に起床し7時までの2時間と会社近くの喫茶店で始業前1時間（8時から9時）の都合3時間を毎日確保することにしました。夜勉強するよりも頭がフレッシュ

な分だけ集中力も高まったという実感を持つようになりました。

その年の試験結果ですが、残念ながら択一式で1点足りずに涙を飲みました。ただ、自分としてはこのような勉強方法を続けていけば良いのではないかという感触も得ましたので、かなり自信を持つことができました。

ルートが見つかり、8合目までは到着しましたが、今年はテントを張ったところでした。

・受験4回目（平成14年）

試験も1点で落ちるとさすがに滅入りましたが、逆に気合が入りました。この頃になると何をすればいいのか自分の勉強方法が固まり、迷いなく勉強できるようになりました。具体的な勉強方法は、1回基本書を一通り読み、あとは過去問題集を徹底的に解くことにしました。10年間分の過去問題を取り上げた参考書を購入し、これを徹底的に解くことにしました。択一式の試験問題は毎年70問ありますが、各問題をバラすと年350問、10年間で3,500問になります。これを10回解くことを目標にしました。一口に10回と言いますが、3,500問×10ですので、35,000問。7カ月でこなすとしても月5,000問、30日で割ると1日約170問を解くことになります。単純計算で1日170問に答えるのは相当な努力が必要です。体調の悪い日や用事があって時間が割けないときもあり、計画が頓挫しそうな時期もありましたが、遅れは土日で挽回するようにして計画を進めました。何べんも問題を解いていると、試験官の意図がわかってくるところがあります。同じ問題を出すということはそこが重要なポイントだという証ですし、ある分野の問題が出ないということはパスしても問題のない（確率の低い）ところで

あるということが分かってきました。ということで4回目の受験の年は、明けても暮れても過去問題を解くことに専念していました。この頃は迷いもなく、とにかく自分の立てた計画が遅れることのないようにひたすら問題を解いていました。合間合間で法改正や横断的な知識の整理も行い、充実した受験ライフを送っていました。

　結局、試験では問題の択一式の合格点を2点オーバーして合格しました。勉強した時間から推せばもう少し余裕を持って合格しなければならないところでしたが、合格が目標ですから結果オーライというところでした。地図もルートも距離も分かり、やっと頂上に到達しました。

　とかく自分に確たる自信がないときは、人に言われると「あれも良い、これも良い」ということでいろいろなことに手を広げてしまい、集中できずにいたずらに時間を使ってしまいがちです。また、参考書も目に入ると何でも買ってしまい、結局「積読（つんどく）」に終わりがちになるものです。私も最初の頃は書店に並んでいる本を手当たり次第に買い込み、1度も読みきらずに終わった本もたくさんありました。最後の年は基本書1冊と10年分の過去問題集（この本は上下2冊組み）の本しか購入しませんでした。何を持っているかではなく、何をやったかが重要だと思います。

● 社労士試験攻略の「ひけつ」

　冒頭申し上げましたが、あくまでも私の勉強方法のポイントです。ひとつの参考として見ていただきたいと思います。
・自分にあった勉強方法を見つけ、毎日必ずこなすルーチンを確

立する。
・家族の理解と協力を取り付ける。……これは大事。
・ターゲットとなる目標（人でも模擬試験の点数でも）を設定する。
・誘惑に負けないモチベーション（動機）を維持する。
・どこでも、少しでも勉強する時間を作る努力（通勤電車、トイレなど）をする。
・本はいろいろ買わない。（5冊の本を1回やるより、1冊の本を5回やる方が効果的）
・最後まであきらめない気持を持つ。……あきらめるのはいつでもできる。

●最後に

　ある程度自分に自信を持つことも重要です。自分が受からなければ受かる人はいないというような自信です。天狗になってはいけませんが、「人間思った以上にはなれない」と言います。逆に思わなければそこまでなれないということの裏返しです。受かるという意思が物事を決めるポイントになると思います。夢と現実の狭間で揺れる気持ちは皆同じです。人生の中でそんなにたびたび自分の夢を実現する機会があるとは思いません。一時（いっとき）我を忘れて無我夢中で夢を追いかけるときがあってもいいのではないでしょうか。ぜひ合格の栄冠をつかんでいただき、私どもと一緒に社会保険労務士業の発展に参画いたしましょう。

　自分の夢は社労士の試験に合格することでしたが、合格をすると今度は開業が夢になります。その夢を不安な面持ちで見守って

くれた妻をはじめ家族皆にこの場を借りて感謝いたします。

生井　博隆　合格時年齢：42歳　受験回数2回

●初年度の反省と分析　～マインド～

　試験で合格を勝ち取ろうとする人の想いは、千差万別でしょう。「開業のため」「就職に有利になるため」「資格マニア」「仕事上の必要」……根拠はいろいろあるでしょうが、いずれにしてもまず強く想うこと、いつまでに合格すると決め、継続してやり遂げることが大切だと思います。だらだらと時を過ごしてやっていると、あっという間に1年が過ぎてしまう。昨日までの1週間、1カ月、1年間、の自分を思い返せば、然りです。

　私は、2年目で合格となりましたが、初年度はその3月に本格的に勉強を始め不合格。そこからの失敗、反省、リベンジの過程を書き記します。

　初年度はノートを作成していては、試験範囲が広くとても間に合わないと端から思っていましたので、一部の解りづらいポイント、白書の暗記すべきエッセンスだけを書き出しました。あとは基本書を繰り返し読み、予備校の通学コースのカリキュラムにそって科目の進行状況を予習するような形でリズムを作っていきました。4月開講土曜週1日のRKZの通学コースです。私は他予備校のことは分かりませんが、このコースは優れもので内容が凝縮されており、先生の情熱と、正確な知識に裏打ちされた的確な指導、判断に今でも感銘を覚えており「この先生ならば間違いない」と確信してしまいました。（何でも惚れ込む事は大事なことです）

初年度は、答案練習講座、改正法講座、白書講座、模試2回、直前講座を受けましたが、結果不合格でした。1回で合格してはいけないということです。合格してはいけないという教えです。(どうあれ合格してしまえばそれでよいのですが) 要は、もう1年勉強しなさいということです。という具合に気持ちを切り替えました。そして試験結果を分析・今後の対策を次のように考え、実行しました。

●認識と実行　〜プラン・ドウ・テクニック〜

　まず第1に「試験である」ということを再認識すること。これは「割り切る」ということに尽きます。実は本試験で労基法から解いていったのですが、労災法で一問、解答にこだわってしまったために、残り30分で労働一般の一部と国年、厚年を解かなければならない羽目になってしまい大失敗をしてしまいました。テキストに書いてあった事の記憶と、解答枝の違いの一問こだわりすぎたのです。これは受験者としては、あるまじき行為で、お粗末極まりないものです。時間と勝負しているにもかかわらず、熱くなってしまったのでした。一字一句をリズム良く読みこなす訓練が出来ていなかったため陥った不幸でした。迷ったときは冷静にのめりこまずに、次の問いに取り組む。それが「試験」上の対処法です。

　第2に、苦手科目を作らないこと。本試験では時間をかけて解いた割には、労災法、健康保険法は4点と低調なものでしたし、安衛法は一問も解けていませんでした。この三科目は基本書の記載内容のみ、それ以上は追わないことと決め、基本書の熟読のウエ

イトを高くしました。そして直前期でも過去問の繰り返しの頻度を他の科目より上げて対処しました。得意な科目で高得点を取ろうとすると深入りする危険があるため、要注意だと思います。

　第3には、厚生労働白書は、9月以降一度は読み通しておくことをお勧めしたいです。年明け前でないと、とても読んでいる余裕などありません。そして各種データの公表などには注意しておきその都度、インターネットなどで資料を取り寄せ、前年作成済みの暗記用に作成した整理事項ノートに順次赤ペンで数字、比率など変更点を書き足しそれを毎日必ず声を出して音読することを続けました。資料、項目が増えてくるととても辛いですが、対策を採っておくことが安心感を生みます。再確認の意味で、白書講座は必ず受講することをお勧めします。間違った知識、数字などないか最終チェックには欠かせないでしょう。

　第4に、学習計画、進歩状況を把握しておくことです。無理な計画は危険です。私は受験校の通学コースのカリキュラムをベースに先んじて基本書の熟読を繰り返しておき、不明な点、理解できない点、解釈が正しいかどうかについて度々、講師に投げかけ自分のイメージを刻み込む工夫をしました。話すことにより知識のアウトプットの練習として問いかけたことも度々ありました。そして、ある程度のレベルまでくると不安感が広がり、あれこれ手を出したくなります。これをやりだすと自滅しかねません。そんなときも講師の丁寧なアドバイスに助けられることが間々あるため、できることならぜひ通学コースをお勧めしたいです。

　第5には良問を解く訓練をすることです。つまり過去問を解くこと（過去問がすべて良問とは限らないため捨て問もある）。皆さ

んそうおっしゃるし、私もそう思います。解き進めるうちにやがて問題の質感が伝わってきます。

　私は、2月までは、基本書の熟読に重点を置き、3月から過去問を解き始めました。毎日欠かすことなく解く。しかしそれには実はやり方があるのです。解答枝の枝問を、一枝づつ正か、誤かを解答し、一枝づつ解説を読むそれを繰り返すのです。五枝読んで正解を一つ選ぶ解答の仕方は、効果半減です。実務においても五枝の中から正解を拾うなどという答え方はあまりないですよね。一つ一つがいいのか悪いのか考えなければならないでしょう。また、科目は、労基法を解いて、終わってから、次の科目の安衛法へ、それが終わったら労災法……と科目ごとに解いていくと、社保一般を解くころには、最初に解いた労基法、安衛法ははるか彼方、記憶に薄くなってしまいます。そこでたとえば一日目は労基法のＡとＢ、二日目は労基法のＣとＤの問いと安衛法のＡとＢ、三日目は労基法のＥとＦ、安衛法のＣとＤと労災のＡとＢの問い……という具合に科目を重ねて解いていく。これは効果がありますよ。解き進めていくと全科目を毎日数題ずつ（枝の数は×5のため結構な数となる）解くことになります。このころは、基本書中心からもっぱら過去問中心で走り続けました。七月までは講座は前年と同じく受講を続けておきましたが、もっぱら、確認のための目と耳からの復習に努め、板書されたものはノートにとらないこととしていました。

　第6に山を掛けることは危険ですが、白書対策として旬のものは一応気にしてみました。少子化対策では、合計特殊出生率に呼応した形の、時代的背景としてのエンゼルプランから次世代育成

支援対策基本法までの簡単な流れ。介護保険法については保険料率決定方法の条文程度は労災の保険料率、雇用保険の保険料率、健康保険法の保険料率の決定方法の各条文と対比して押さえておきました。この辺も深入りは禁物ですね。

● 迷いは禁物　～（リピート）～
　最後に、自分の力を信ずること。ある程度のところまでくるとあれもこれもと余計なことを考えるようになります。いろいろ手を出したくなり予想問題集を買ったりしてしまいます。他のテキストも参考にしたり、新しくより詳細な参考書に目移りもするでしょう。私も予想問題集を買うだけは買ってしまいましたが、手は付けませんでした。ここまできたら我慢です。模擬試験問題ですら（2つの予備校のものを2回ずつ計4回受けた）復習するのは容易なものではないのですから。（解説が丁寧なものは取り組みやすいですが）

　そして受験イメージ作り、合格イメージ作りということでいえば、受験会場へは直前の時期に一度は行ったほうがいいと思います。私の場合はリベンジということもあったので、同じ会場を選択。当日までに、会場までの時間、弁当、飲み物、あるいは、万一の薬局などの周辺環境を周到にあらかじめ押さえ万全を尽くしました。ここまでやれば後は、「合格」あるのみですね。

　よく合格するには7割取れればよいのだからと人は言いますが、7割取るつもりでいくと5ないし6割で辛酸をなめる結果になりかねません。7割取るには、全問正解とはいかないまでも、9割方取る「意気込み」で「強く学ばなければ取れない」というのが私の

持論です。

●感謝

いろいろと書き連ねてきたため、ここまで読まれた方がどれだけいらっしゃったかは、いささか疑問でありますが、何か感じ取っていただきお役に立てれば、また支えになってくれれば幸いだと思っております。最後になりましたが、今までの勉強方法は予備校の講師の先生に多々ご指導いただいた面があり、よき講師に恵まれた喜びは大変幸せなことであり、いまもって感謝の念で一杯でありこの場をお借りしてお礼を申し上げたいと思います。また本来であれば、大切な家族団欒の時間をいろいろと我慢協力してくれた家族がいたからこそ達成できたことでもあるので、ありがとうとお礼を言っておきたいです。

平沢　典彦　合格時年齢：31歳　受験回数1回

●はじめに

平成14年11月15日。

私にとって生涯忘れることのできない日である。この日、第34回社会保険労務士の合格発表が行われ、受験者数約5万人の中から1割に満たない者が栄えある合格証書を手にできた日、合格者の一人として幸運にも私も名を連ねることができた日なのである。

●受験動機

受験を決意したのは平成14年2月始め。受験日まで逆算してわ

ずか6カ月間という短い期間しかない状況を甘く見て、「何とかなるだろう、やれるところまでやってみよう」と考えた。まず、第1ステップとして2月から4月まで基礎知識を確実にするために、午前中ビデオ講義を受講し法律用語に慣れ、夜の生講義にて内容の理解を深めた。しかし、いざ勉強を始めるとわずか6カ月しかない受験期間中に覚えなければいけない内容の膨大さをひしひしと感じ、言いようもない焦りが容赦なく襲ってきた。そんなとき、担当講師から「周囲を気にするな。今の時期焦らずに基本を実直にやればいい」とのアドバイスを受け、用語集とテキスト、講義で使用するレジュメを何度も読み知識の定着をはかった。永く苦しい「忘却との闘い」が続いた。

　第2ステップとして4月から6月まで、昼間は応用編のビデオ講義による知識の定着、夜は時間を決めて答案練習を受けるという、インプットとアウトプットを平行して行うことにより、知識の定着を確実なものとした。

　第3ステップとして、6月から8月までなるべく各資格学校にて実施される全国模擬試験を数多く受けることを心掛けた。模試受験回数は合計9回に上った。7月後半から8月の本試験直前の模試では、あえて成績と順位にこだわるようにした。

　第4ステップとして7月後半から本試験直前期には、今まで使ってきたテキスト・答練回答集及び選択式問題集を使って、5カ月間勉強してきた内容の最終復習を行い、あえて新しい知識を身につけることはしなかった。この頃には、テキストは主要科目すべて、最初から最後まで10回近く読み返していた。こうして本試験直前を向かえることとなった。試験会場へ持って行くリュック

サックには、受験票と筆記用具の他に、座布団・カセット（気合い注入のため、移動中ずっと「ロッキーのテーマ」を聞いていた）・着替えのＴシャツ（気持ちをリフレッシュさせるため）と上着（冷房が効きすぎている場合に羽織るため）・昼食・ガム（こめかみを動かすことで脳が活性化すると聞いていたため、勉強を始めた２月から試験日当日までほぼ毎日勉強中に噛んでいた）・近くの神社のお守り・成績の良かった模試の順位表（自信を持たせるため）を入れた。

●いざ、闘いの場へ

　試験会場である千葉商科大学には試験開始1時間前に到着した。会場までの道々で配布された各予備校の予想問題レジュメを試しに解いてみたところ、予想以上の出来具合に本番への自信が芽生えた。そしていよいよ本試験の開始。模試を数多くこなしていたため全く緊張せず、普段通りのペースで問題を解くことができた。午前中の選択式では終了時間の30分前に解答はすべて終了した。だが、労働基準法の解答だけがどうしてもすべて埋まらないのである。頭の中のテキストを何度広げてもこの部分だけどうしても出てこない。焦りだけが募る。頭の中で目まぐるしく点数勘定する。最後の1秒まで何度も答案を書き換え悩み抜いたあげく、結局自分の信じる解答を出し午前の選択式の試験時間終了した。気持ちを切り替えて択一式に全力でぶつかろうと決心した。そして午後の試験が始まり、模試の時と同じように健康保険法の問7から解き始めた（労働基準法の問1から順に解いていった場合、難しい問題にぶつかった時に「このままずっと難しい問題が続いて

しまうのではないか」と錯覚し、焦りで我を忘れてしまうと考えたために、あえてこの解き方を編み出した)。順調に解き進み、すべての問題を解き終わったのは試験終了30分前。自分の中ですべての解答の見直しを2回行い、試験終了の声。「よし、択一式は合格ラインをクリアできた」と確信したものの、選択式にて最後まで悩んだ設問の答えの正誤が未だ不透明であったために、全く予断を許さない状況であった。

●試験終了

　数日後、期待と不安の入り交じった複雑な想いで解答速報会に参加した。私の最大の懸案である労働基準法の選択式についての解答がついに示された。結果は迷い抜いた2問とも不正解、さらにもう1問間違え最終的に2点であるということが判明した。社労士の本試験は、たとえ他の科目及び択一式で合格ライン（原則、選択式は3点以上、択一式は4点以上）を突破していても、救済措置がない限り1科目でも合格最低ラインをクリアしていなければ不合格となってしまい、この瞬間私はまさに救済措置頼みの立場となってしまったのである。運を天に任せることとなってしまった自分のふがいなさに、激しい怒りがこみ上げてきた。私の勉強した某資格学校では、「今回の労基法の選択式には救済措置が十分にあり得る」との評価を示してはいたが、社労士連合会の正式な見解は発表日当日までわからないため、目の前が真っ暗になった。

●合格発表の瞬間

　合格発表の日、待ちわびた9時の発表時間を過ぎて全国社労士

連合会のＨＰにアクセスしようとしても、ネットが混雑しているためなかなか繋がらない。苛立ちと不安が激しく交錯する中、自分を追い込む嫌な結果ばかりが頭をよぎる。ふと、日頃見ていた本試験情報を書き込む掲示板サイトならば繋がるのではと思い、祈るような想いでアクセスしてみた。まっすぐ目に飛び込んできた『発表を見ました。万歳！労基法の選択、救済措置が適用されたみたいですね。私、合格していました』の文字。ただし、自分の目で社労士連合会のＨＰを確認するまでは判らない、万が一ということもあり得る、気を引き締めて連合会のＨＰに再度アクセスしてみた。そして1時間程経過した10時頃、ようやく連合会のＨＰにアクセスできた。ただ一心で食い入るように画面を見つめ、羅列された全国の合格者名から光り輝く「55　平沢　典彦」の名前をついに見つけることができた。その瞬間ふっと全身から力が抜け、大きな目標を達成した安堵感と達成感から全く声も出ず、ただこみ上げてくる熱い涙を必死で堪えていた。「感無量」という言葉があるが、その時の私はまさにその心境であった。さらに私の喜びを大きくしたのは、私の名前の脇に、同じ資格学校で共に合格目指し勉強していた友人たちも名を連ねていたことであった。全国で5万人近い受験者の中、90％近くが不合格となる非常に難関な資格試験にあって、こんなに身近な友人達と一緒に合格できたことを本当に幸せに感じた。

●これからの自分
　あの感動から2年余りが経った今改めて合格証書を手にすると、辛く苦しかったあの日々がまるで遠い昔の出来事のように感じる。

社労士という国家資格に見事合格したことは大変な栄誉である。しかし、本当にこの国家資格を活かすのはこれからなのである。今、私はこの社労士という資格を最大限活かし社労士業として営むことができるようになるため、日本マンパワーの「独立開業講座」を受講している。毎週土曜日たくさんの仲間と共に社労士としていかに成功するか、知識を得るだけでなく情報交換を積極的に行うことで非常に有意義な時間を過ごしている。社労士試験に合格できるのは受験者全体の1割、その中で社労士を業として営み成功している者はさらにその中の2割程度であると、ある開業社労士の先生から聞いた。これから私は自分の力で勝ち取ったこの国家資格をベースとして自分の得意分野を磨き、高く大きく強く無限の可能性を秘めた大空へ羽ばたいていきたい。

松木　将企　合格時年齢：36歳　受験回数1回

●はじめに

　私は平成14年の試験合格で運良く1回の受験で合格をすることが出来ましたが、試験当日は択一式で労働基準法の問題の難解さと厚生年金の問題の幅広さに四苦八苦の思いでした。今思い返してもよく受かったとしみじみ感じますが、会社勤めの傍らに勉強をして、模試の成績も中程度であった自分がたどった道が少しでも参考になればと思い筆を取った次第です。

●受験の動機

　同じ職場に勤める仲間にファイナンシャル・プランナーの資格

取得者がいて、昼食時などにライフプランニングや税金などで有益な話を聞くことが多く、いつも目からウロコが落ちる思いで感心していました。自分も生きる力になる実学を志向した際、その仲間から社労士の資格を勧められたのがきっかけです。当初は社労士の資格の中身もよくわからず、何げなく書店で入手した資格学校のパンフを片手に説明会に行った際、社労士の何たるかをようやく理解したのがスタートでした。その後、労働・社会保険諸法令の専門家である社労士の活躍のフィールドが多岐に渡っていることがわかり、当初は一般教養のつもりで始めた勉強にも加速度的に力が入っていったのが結果的に良かったのかもしれません(これは追い込まれないとエンジンがかからない自身の性格もありましたが……)。

●勉強時間・方法

　勉強方法は通学、通信教育、独学に大別され、それぞれメリット・デメリットがありますが、私の場合は通学が非常に適していたと思います。通学は平成13年10月よりごく基本の全般的な講義が始まり、同年12月より開始の本講義が翌14年の8月までという長丁場でした。毎週土曜日に資格学校へ通い丸一日の講義を受けたのですが、①ペースメーカーとしての機能、②生講義の臨場感と即応性、③テキストおよびカリキュラムの総合性、$受験仲間という通学のメリットを十分に活かすよう心がけました。

　会社勤めで妻子持ちとなると、平日は勤務、週末は家族サービスでなかなか自分の時間をとることが難しいと思います。毎週土曜日に缶詰状態で講義を受けることは否応無しに前進せざるを得

ないわけです。また、毎回講義の最初に行われるミニテストは前週の復習をかねており、自身の復習を怠ると結果が如実に反映されるため良い刺激になっていました。資格学校のテキストは試験のポイントを踏まえてよくまとめられたもので、当初の講義から問題演習まで教材は学校のものにしぼり、用意されたものをきちんと理解することに重点を置きました。また、暗記用の小冊子があり、通勤時間やお昼休みなど細切れ時間の利用に専ら用いておりました。細切れ時間を活かす事は、日頃時間に制約のある方にとって特に重要です。以下、受験期のおおよその勉強について段階を追って記します。

●第1段階(平成13年10月～平成13年12月)

このころは入門編でもあり、社労士試験の怖さもピンと来ておらず、時間もまだまだあると思いがちで、講義には毎回出席しましたが、普段の勉強はほとんどしていませんでした。ただし、全般的な基本事項に触れることでボンヤリながら全体像がつかめて助走開始にはなったと思います。

●第2段階(平成14年1月～4月)

いよいよ本講義が開始となり、急に歯ごたえのある内容が展開されます。入門編と同様の気分でいた私もこのままではいけないと思い、自宅でも徐々に勉強を開始しました。毎日は出来ませんでしたが平日は1-2時間、週末は復習を兼ねて3-4時間程度は確保するよう努めました。この時期は主にテキストの理解と重要事項のまとめが中心のインプット段階で、問題演習はテキスト内の例

題を解く程度で、終盤になりようやく過去問を解くことを始めました。

●第3段階(平成14年5月〜7月)
　資格学校もインプットよりアウトプットが中心となります。問題演習による書く力の形成と知識の定着が主眼とされ、また発展知識の講義が並行して行われました。やはり問題を解いてみると、わかったつもりのあやふやな知識でどこが不足しているのかがよく分かり、復習も効率的になりました。毎回配られる問題演習の教材は必ず自宅で再度解きなおすとともに、過去問にも本格的に取り組みました。問題演習において、社労士試験の王道は過去問を解くことにあると思います。よほどの余裕がない限り、いたずらにさまざまな問題集にあたる時間があれば、むしろ過去問を何度もまわすことが傾向の把握にも一番の近道と思います。勉強時間は平日3−4時間、週末は5−6時間を目指し、前半はできない日もありましたが、後半はほぼ想定通りに進めるようにしました。

●第4段階(平成14年8月)
　8月になりいよいよ試験目前。問題を解くたびに自分の知識がしっかりしていない点ばかりが目に付き、本当に間に合うのか不安が募る状態になりがちでしたが、とにかく目の前のやるべき事に集中するように心がけました。また当然ですが試験は朝から行われます。遅ればせながら夜型の勉強スタイルを朝型に切り替え、思考力のピークを日中に持っていくようにもしました。試験一週間前は夏休みを取り、最後の追い込みにかけました。家族は帰省

していたので、毎日14－15時間は集中して取り組むことが出来ました。とにかく過去問、模試、それまでの問題演習を繰り返し、過去問5年分は最後の一週間で再度一通りまわしました。この追い込みで自分の力が一段高まったと確信しています。

●おわりに
　勧められるままに始めた試験勉強でしたが、最終的には高校や大学を含めてこれまでの人生における、いかなる受験よりも集中して取り組むことになりました。非常な苦労の末に乗り越えた関は大いなる自信にもつながりました。短期合格の勝因はやはり信じたテキストに集中して基礎固めを徹底したことにあると思います。周囲の「ベテラン勢」にはさまざまな資格学校や教材の評論ができるほどの人がいましたが、手を広げ過ぎて身につかないのでは意味がありません。縁あって平成17年4月から開業をしましたが、メシの種にまですることになるとは当初からは想像もできなかったことです。資格は取ることが目的ではありません。今後は実務において資格を有効に活用し、知識の更なる研鑽を通じて顧客と共に自己の成長を続けたいと思います。最後に受験期から開業まで理解と協力をしてくれた家族にこの場を借りてお礼を述べたいと思います。

八島　則子　合格時年齢：55歳　受験回数2回

●社労士を志した理由
　私は平成14年12月に25年間勤務した会社を業務縮小によって

早期退職した。退職前の7年程は総務・人事を担当していたが、いつも不勉強を感じていた。そこで、退職後はサラリーマン生活の総括として社労士の勉強をしてみよう、そしてできれば社労士開業をしてみたいと夢を描いた。

●試験を甘くみて一発合格ならず
　平成15年1月中旬からある大手受験校の通信教育で勉強をスタートさせた。社労士試験をよく理解していなかった私は1発で合格できるものと甘く考えていた。しかし、勉強を始めてみて驚いた。社労士の勉強範囲は実に広くて茫洋としており、何が重要なのかさっぱり掴めなかった。どうやって勉強したら良いのかわからず困惑した。通信教育のスケジュールに従って、真面目に勉強したつもりだったが、覚えるに遅く、忘れるに早く、先に進むほど混乱してきた。また通信教育は私には合わなかったようだ。刺激と緊張に乏しく、孤独に陥りやすい。常に理解が生半可で不安であった。
　それでも「何とか合格するだろう」との甘さを捨てずに本番を迎えた。そして、また驚いた。それまでに4回受けた模擬試験よりずーっと難しかった。私はそれまで模擬試験の方が難しくできているものと思い込んでいたのだ。そして、その結果は、択一の総合点が1点足らずに不合格。

●勉強と仕事を両立させた2年目
　2年目は、1年目の反省から絶対に学校に行こうと決めていた。日本マンパワーの説明会に参加して、村中先生がやさしくて、生

徒の身になって考えてくださっている様子に感動した。これなら絶対合格できるだろうと思い、すぐ申し込んだ。11月末のパーフェクトマスターコースである。

　教室では、私は大抵前のほうに席を取り、必ず質問していた。とくに最初のうちは張り切っていて、先生の言われたとおり授業の前にテキストをしっかり読み、穴埋め問題などで知識を整理して授業に臨んだ。

　問題演習になってからは、宿題は一度自分で考えて解き、その後テキストで調べたり確認したりして提出した。テスト問題は上位20％を目指した。本試験の合格率は9％位だから、ここで20％でなければ合格はむずかしいと思ったのだ。

　最初のうちは計画通り順調だった。成績も悪くなかった。ところが、2月半ば私は突然就職してしまった。1年間仕事を離れてみて、社会から取り残されたような不安を感じたのだ。これ以上仕事から離れて受験勉強ばかりしていると滅入ってしまいそうだった。それに、一度社労士試験の門をくぐってみて、私はこの試験は運不運に左右される試験だと思った。頑張って勉強しても、たとえ、それまで良い成績を取っていたとしても合格するとは限らない。このまま仕事をしない状態でまた不合格だったら……と思うと恐怖であった。結局不合格のときの逃げ場を作ろうとしたようなものだが、仕事を探したところ、残業続きで大変なところにあっさり決まってしまったのだ。

　それ以後細切れの時間を利用して勉強した。どこに行くのもテキストや演習問題などを持ち、ちょっとした空き時間も無駄にしないようにした。私は高校生の娘のため朝早く起きて弁当を作っ

てもいる。寝不足で慢性疲労気味だった。目標は上位20％から7割得点に切り替えたが、それとて追いつかなくなってきた。「仕事なんかしなければ良かった」と何度も後悔したが仕方がない。8月の本試験までは緊張の糸がぴーんと張ったままだった。終わった後は、さすがにほっとして緊張の糸がゆるむのを感じた。

●選択健保に焦りまくった2回目本試験
　2回目平成16年の本試験は選択問題の健康保険に難儀した。高額療養費について数字ばかりの選択肢。こんな問題が出ると予想していなかったので「もうダメだ」と思った。数字ばかりなので、わかれば5問すべて正解、1つ間違えれば全滅の可能性がある。必死で40分もがいて、ラスト3分ほどのとき突然閃いたのだが、あせっているからか、なかなか計算が合わない。どんどん時間が迫ってくる。とにかく3問だけでもマークしなければ！　残りは何でもいいや、との思いで塗りつぶした。この問題に全く自信が持てず、ぼーとしていたが、何とか気を取り直して午後の択一を終えた。しかし、「またダメだったか」との思いでぐったりした。
　その後、あちこちの予備校の回答をネットで確認し、大体合格できそうな気がしたのだが、あの選択の健保のせいで、マークシートを正しくマークしたかをチェック出来なかったのが悔やまれた。マークミスをしているのではという不安が拭えなかった。合格発表の日、会社でサイトを見て、自分の名前を見つけた時は、まずほっとした。次にじわじわ喜びが込み上げてきた。正直、よく頑張ったと自分を褒めてやりたい気持ちだった。

●受験勉強に近道なし

　社労士の試験の特徴は、範囲が広いこと、1科目ごとに足切り点があること、トリッキーな問題、重箱の隅をつつくような問題、ある部分にひどく片寄った問題など、つまり悪問が出ることである。これに対処する勉強法としてウルトラCはない。勉強法はいろいろあるだろうが、地道にコツコツ万遍なくやるしかない。(自分には向いていない試験だったなと思っている)

1.　1科目を深く掘り下げるより、全科目を何回も流す
2.　理解のためにも記憶のためにも図や表で整理する。
3.　常に横断学習を心がける。
4.　法改正は必ず押える。
5.　過去問は大事。そして必ずテキストで確認する。
6.　テキストは何度も読む。(ただし、私はテキストを読むのは苦手で、ぼーと流してしまうか、眠ってしまうかだった。そこで、私は問題をやってはテキストで確認をまめにした)
7.　模擬試験はなるべく多く受ける。点数を気にするより、試験の雰囲気と要領を掴むために。そして多くの問題に当たるために。要領といえば時間配分は重要。(私の場合、択一は必ず労基法から順番通りに各問きっちり30分と決めていた)選択肢はできるだけ5肢とも読むようにした。
8.　勉強時間は作り出すもの。時間があっても勉強できるものでもない。「時間がない」と思っている方が勉強時間を見出せる。(私の1年目は時間があることに甘えてしまった。2年目は少ない時間をこまめに利用できた)

　月並みだがやっぱりこんなところだろうか。社労士試験はあま

り頭の良し悪しに関係なく、頑張れば誰でも合格できうる試験だと思う。粘り強く諦めないことが大切だ。受験生の皆様のご健闘をお祈りする。

山本　佳子　合格時年齢：38歳　受験回数３回

●社労士は……必然？

　「人生、偶然はない、すべて必然だ」の言葉が、妙に好きです。社労士の資格を取りたいと思ったのもいくつかの出来事が重なりました。まず、上司に「女性がいくら頑張っても……ね」の一言が最初のキッカケでした。この言葉にはいろいろな意味が含まれていたように思います。そのおかげ（せい？）で私は「女性労働」についていろいろ勉強をするようになり、それまで女性が差別を受けているとも思わなかったし考えもしなかったのですが、知識や見聞を広げることで、現社会での女性の立場や状況が良く分かるようになりました。何か女性労働に関わる仕事はないか？　女性が労働をしていくためには？　何か手伝えることはないか？ということを意識するようになったのです。具体的には何ら策もなく日々仕事に追われていましたが、ある日ある時ある場所で、将来夫となる男性と出会いました。会ったその日から気が合い、メール交換を毎日して、毎日デートして、その結果知り合った日から３カ月で入籍しました。出会い・退職・入籍・新婚旅行・妊娠・ウェディングパーティー・新居完成と一年の間にいくつもの行事などが重なり、とても忙しい日々を送ったわけですが、フトそれらが落ち着いた時、これからどうしようか？　と考えました。

まだ私の頭には「女性労働に関わりたい」と熱く深い思いが支配しています。それと並行して「男女共同参画社会（女性労働を勉強しているうちに、男性の労働問題も表裏一体であることが分かり、男女共に参画できる社会を目指したいとの思いから。法律も施行されたばかりだった）」の活動も始め、地元埼玉県越谷市の「男女共生のまちづくり推進市民会議委員」を務めることに。その委員のメンバーに社労士さんがいていろいろ話をしたことも一つのキッカケになったし、また、夫の税理士事務所に社労士さんが出入りしていたことで税理士業務と社労士業務が密接な関わりを持っている、ことが分かったのも一つのキッカケだったように思います。

　私が社労士を目指すようになったのは、以上のようないろいろな出来事が重なり繋がり、そして自然に導かれたと思っています。

● まさに天職……のハズが？
　高校卒業を控えていた私は、「将来は経営者になる」と、漠然と思っていました。そのため進学した学部は「経営学部」でした。労働とか経営などを勉強してたので、社労士の受験科目にある労働関係はバッチリだな、それに女性労働に関わりたいというライフワークにもつながるし、夫の仕事とも密接な関わりを持つし……この資格は私のためにある！　と思い込むほど、この仕事は天職だと感じていました。でもこの仕事をするためには社労士資格をGETしないと出来ないわけで、まずは資格取得を目標に定めたのです。目標を決めてから、実際参考書を手にしたのですが、その時点では何を言わんとしているのか何が問題なのか、どうしてこ

の答えなのかがサッパリ分かりませんでした。これは独学では無理だとすぐ判断し、通学コースにしました。が、最初の一年は広範囲にわたる内容を知るだけで終ってしまいました。条文の意味や解釈・裏読み・条文と条文とのつながり、までは理解できなかったわけです。その原因は初心者が陥りやすい、細かい所にこだわってしまったことだと思います。大局的に物事を捉えようとするのですが、ナンデ？ があるとそこに執着してしまいます。まさに天職のハズが、その前段階である受験でつまづいていること自体わたし的にはショックでした。毎日、合格後のイメージトレーニングばかりしていて、その夢は大きくなるのに、足元を見ると模擬テストの点数も満足に取れない私がいました。

●いいことも……ある？

　そして私は考えました、このままじゃダメだ、もっともっと勉強しなければ！　と。今までは空いている時間を使って勉強していましたが、今度は勉強時間を確保してから育児や家事をすることにしました。食材の買い物は宅配を利用し、洗濯は衣類乾燥機を購入して、干す・乾かす・取り込む手間を省き、洗い物も食器洗い乾燥機を使うなど、機械が代行できる家事はすべて任せ、育児も夫・父母・保育園に預けるなどさみしくないように配慮しながらいろいろな人に関わってもらいました。そして1日7時間を確保することに成功。夫は事務所の仕事を手伝って欲しいようでしたが、もうそんな心の余裕も時間の余裕もないため断りました。私の仕事は社労士資格を取得することが第一でしたから。それに体育会系の私は運動不足もストレスの元になるので、ウォーキン

グも日課にしました。毎日勉強時間を7時間、その他に育児・ウォーキング・家事もこなすわけですから、アイドル並みの忙しさです。私に合ったスケジュールは毎朝4時に起床、子供が起きる前までにウォーキング・家事を終わらせ、送り出すまで子供の世話と食事の用意、送り出してからお迎えまでの時間は勉強する、その後は育児と食事の支度、の毎日でした。子供のお迎えまでの限られた時間でしたから、それはそれはすごい集中力でした。1日にメリハリをつけること、そして何が今の自分にとって優先すべきことなのか、それを考えると時間管理はそんなに難しくないように思います。受験時代にそのような環境作りをしたおかげで、今も時間のやり繰りが上手です。仕事をしていく上でもとても重宝しています。

●肝心な……こと？

　勉強方法は各自かなり差があると思います。何がいいかは試行錯誤して自分に合ったものを見つけるのが遠回りにみえて実は近道。ただ次の2つは状況・環境などが許す限り行なうことをお勧めします。

1．まず、ライブで講義を聴くこと。視覚・聴覚・触覚の三感をフルに駆使することで覚えや理解が全然違います。疑問・質問もその場で聞けます。それに大した質問ではないけれど気になることってありますよね、そんな時は成績の良い受験仲間に聞けるのも通学生のメリットです。私はよく仲間と質問しあって一緒に考えて答えを出しました。これはすごく勉強になりました。同じ設問でも捉え方が違うと答えが同じにならなかったり、最終的には

先生に答えをもらって「なんだ〜」って共感したり、すごく仲間に助けてもらいました。

2. あとは過去問を解きまくること。私は一年目、あまりこのことを重要視しませんでした。過去に出た問題が何の意味があるのかその理由が見出せなかったからです。それに間違えることが悔しかったし怖かったし、でもそれは大間違いでした。やはり過去問はとても大事です。これは絶対行なってください。

　その他に何が必要か？　それは「精神力と粘り強さ」でしょう。今の自分に当てはまらないという方、安心してください。一年で取れた方はともかくとして、普通複数年かかります。途中イヤになることが多々あります。そんな時は、「今、自分は社労士になれるか試されている」と思い、途中絶対で投げ出さないでください。この一年で取る！　という意気込みを持って臨んだ結果、長くなってもいいんです。合格した後、その時の自分を客観的に見てください、一回りも二回りも大きくなった自分と出会えますよ。

●最後……は？

　国家資格を目指したからには、最後までしつこいくらいに粘ってください。目指したからには「資格取らなきゃタダの人」ですよ、タダの人。そうならないためには、遊びも当然ながらセーブしましょう。私はちなみに19歳からゴルフを始めたくらいのゴルフ好き。でも5年間（年子を妊娠出産後、3年間の受験勉強期間）止めました。飲む会も大好き、アルコール自体も好きだし、雰囲気も大好き。どうしても断れないものだけは参加しました。ただ、あまり我慢しすぎるとストレスが溜まります、十分注意してくだ

さい。あまり我慢しすぎると心と身体のバランスが崩れ、勉強どころじゃなくなります。心と身体のメンテナンスにも気を配ってください、何事もバランスが大事ですから。バランスといえば、家族がいる方はとくに家族との時間を意識して取ってください。勉強するのは個人の自由だと思いますが、かなり迷惑になるくらい勉強しますので、家族に理解と協力を得て、また自分も時間を捻出して家族とのコミュニケーションを取る努力をしてください。ポジティブに考えると、家族との絆が強くなるチャンスかもしれません。そんな私も、夫、子ども、両親、義母の協力を得ながら、また励みにしながら、やり遂げることができました。この場をお借りしまして、最後に……家族に感謝と愛を込めて「ありがとう」を、そしてこの体験記を読んでくださった方々にも「ありがとう」を。社労士ほど幅の広い資格はないと思いますし、とても面白いです。まだ1月に開業したばかりですが、すでに仕事が何件もきて毎日が充実しています。皆様もぜひ、合格後の自分をイメージして頑張ってくださいね。

編集後記

○ この本は、まえがきにあるとおり、日本マンパワーの社労士開業講座を受講している者が、自分達の苦しかった受験時代を振り返り、現在受験準備中の方々に少しでも勇気を差し上げたい、本音の体験記とノウハウを伝えたいという思いからスタートしたものです。

○ 話が持ち上がったのは、1月下旬のことでした。しかし私たち受講生自体が、これから社労士として世の中に出て行くにあたり不安を抱えている中、時間の余裕も心の余裕もなく、話はなかなか前へ進みませんでした。

○ 開業講座の始まる前に何回かミーティングを重ねて行くうちに少しずつ参加者が増えはじめ、ついに16名になりました。

○ 出版については皆素人ですが、熱意は高く、「本の形式や文章の形体にとらわれず、自分達の言葉で自由に書こう」をモットーにしました。まさに中学生時代のクラス文集を作る感覚でした。

○ いくつか出版社に相談しましたが、色好い返事は貰えず諦めかけていた時、事務局の一人が、異業種交流会で三和書籍の高橋考社長さんにお会いし、私たちの計画をお話したところ「受かったばかりの社労士の卵達が、仲間で本を出す、そんな話は聞いたことがない。面白そうだ。どの程度出来ているか、お話を聞いても良い」ということになりました。

○ 事務局代表二名が資料を持ってオフィスを訪れたのが4月8日のことでした。そして力を貸して貰えるとの返事をいただき、天にも昇る思いで仲間に連絡しました。

○ 6月中に出版するには、すべての原稿を4月中に入稿する必要がありましたが、一週間でほぼ全部データを揃えることが出来ました。16人の力が集ま

れば、こんなにもすばやく出来るのだと皆が驚きました。
○ 私たちの願いが実現したのは、たくさんの方々のお力添えのお陰です。全国社会保険労務士会連合会会長の大槻哲也先生、日本マンパワーの主任講師村中一英先生、同事務局の赤羽典久さん、そして三和書籍の高橋考社長さんに、この場を借りて厚くお礼を申し上げます。
○ 社労士の卵だった私たちが、雛になり、そして独立開業へと巣立ち始めました。1月に二人、4月に二人、7月に一人、10月に一人、次々に事務所をオープンして行きます。出版を通して生まれたこの絆をこれからも私たちの宝物として大切にして行きたいと思っています。
○ 最後に、受験準備中の皆さんのご健闘を心からお祈りいたします。

社労士グループ２４

社労士グループ24 　　　　　　　srg_24@yahoo.co.jp

【著者】
社労士グループ24

礒谷　哲夫	鈴木　道生
市沢　かおる	戸嶋　淳
太田代　徹	中村　俊之
大場　康夫	生井　博隆
香川　忠成	平沢　典彦
金井　勉	松木　将企
窪田　陽一	八島　則子
下川原　篤史	山本　佳子

社労士試験 合否を分けるこの一点

2005年 6月 30日　第1版第1刷発行

著　者　社労士グループ24
©2005 sharousigroup24

発行者　髙橋　考
発行所　三和書籍
〒112-0013　東京都文京区音羽2-2-2
TEL 03-5395-4630　FAX 03-5395-4632
sanwa@sanwa-co.com
http://www.sanwa-co.com/
印刷・製本　新灯印刷株式会社

乱丁、落丁本はお取り替えいたします。
価格はカバーに表示してあります。

ISBN4-916037-81-2 C2037

三和書籍の好評図書

Sanwa co.,Ltd.

住宅と健康
＜健康で機能的な建物のための基本知識＞
スウェーデン建築評議会編　早川潤一訳
A5変判　290頁　2,800円
- 室内のあらゆる問題を図解で解説するスウェーデンの先駆的実践書。
- シックハウスに対する環境先進国での知識・経験を取り入れ、わかりやすく紹介。

心の時代を考える
＜カウンセリングの視点から＞
寺内　礼 編著 B6判　318頁　1,600円
- 「心の育成」が叫ばれる現代、カウンセリングや生活指導にかかわる新進気鋭の人たちが、少年期、青年期、成人期、もしくは病院等における臨床体験を通して、カウンセリングの具体的事例を率直に語っている。

バリアフリーデザインガイドブック 2005年版
バリアフリーデザインガイドブック編集部 編
A5　定価：3,150円
- もはや定番となったバリアフリーデザインガイドブックの2005年版。今回の特集は、1.福祉用具などを利用した住宅改修　2.高齢者のこころを解読する　3.さまざまな高齢者の住まい　など充実の一冊。

バリアフリー住宅読本
＜高齢者の自立を支援する住環境デザイン＞
高齢者住宅研究所・バリアフリーデザイン研究会著
A5判　196頁 2,200円
- 家をバリアフリー住宅に改修するための具体的方法、考え方を部位ごとにイラストで解説している。バリアフリーの基本から工事まで、バリアフリーの初心者からプロまで使えます。福祉住環境必携本！！

三和書籍の好評図書

Sanwa co.,Ltd.

180年間戦争を
してこなかった国
＜スウェーデン人の暮らしと考え＞

日本図書館協会選定図書

早川潤一著　四六判上製　178ページ　1,400円

●スウェーデンが福祉大国になりえた理由を、戦争を180年間してこなかったところに見い出した著者が、スウェーデンの日常を詳細にスケッチする。平和とは何か。平等とは何か。この本で新しい世界が開けるだろう。

中国人は恐ろしいか！？
＜知らないと困る中国的常識＞

向　会鵬・徐　晨陽著　四六判　240頁前後　1,400円

●日本人と中国人は外見はよく似ているが、国民性はかなり違うようである。たとえば、喧嘩であやまるのは日本人、あやまらないのは中国人、電車で席をゆずるのは中国人、知らんぷりするのは日本人・・・というように。本書では、日本人と中国人の違いをエピソードを通して、おもしろおかしく描き出している。

人間理解と看護の心理学

寺内　礼編著　B6判　308頁　並製本　2,200円

●「看護する人」「看護される人」、「介護する人」「介護される人」、「教育する人」「教育うける人」、それぞれ立場は違っても人間みな同じである。上と下、支配と従属の関係は存在しない。そこにあるのは人格としての対等平等な人間関係だけである。

人生に生きる価値を
与えているものは何か
＜日本人とアメリカ人の生きがいについて＞

ゴードン・マシューズ著　宮川陽子訳
四六判　324ページ　3,300円

●18人の典型的なアメリカ人と18人の普通の日本人の「生きがい」観を探る。人は自分の人生に価値があると思われるものを選び出し、その人生に折り合いをつけていかねばならない。

三和書籍の好評図書

Sanwa co.,Ltd.

毛沢東と周恩来

〈中国共産党をめぐる権力闘争【1930年～1945年】〉

トーマスキャンペン著　杉田米行訳　四六版　上製本　定価：2,940円

●"人民の父"と謳われる毛沢東と、共産党最高幹辺として中国の礎を築いた周恩来については、多くの言粋がなされてきた。しかし多くは中国側の示した資料に基づいたもので、西側研究者の中にはそれらを疑問視する者も少なくなかった。

本書は、筆者トーマス・キャンペンが、1930年から1945年にかけての毛沢東と周恩来、そして"28人のボリシェヴィキ派"と呼ばれる幹辺たちの権力闘争の実態を徹底検証した正に渾身の一冊である。

増補版　尖閣諸島・琉球・中国

【分析・資料・文献】

浦野起央著　A5版　上製本　定価：10,500円

●日本、中国、相湾が互いに領有権を争う尖閣諸島問題……。
筆者は、尖閣諸島をめぐる国際関係史に着手し、各当事者の主張をめぐる比較検討してきた。本書は客観的立場で記述されており、特定のイデオロギー的な立場を代弁していない。当事者それぞれの立場を明確に理解できるように十分配慮した記述がとられている。

日中関係の管見と見証

〈国交正常化三〇年の歩み〉

張香山　著　鈴木英司訳　A5版　上製本　定価：3,360円

●国交正常化30周年記念出版。日中国交正常化では外務顧問として直接交渉に当たられ日中友好運動の重鎮として活躍してきた張香山自身の筆による日中国交正常化の歩み。日中両国の関係を知るうえで欠かせない超一級資料。

徹底検証！日本型ＯＤＡ

〈非軍事外交の試み〉

笈熙徳著　鈴木英司訳　四六版　並製本　定価：3,150円

●近年のODA予算の削減と「テロ事件」後進められつつある危険な流れのなかで、平和憲法を持つ日本がどのようなかたちで国際貢献を果たすのかが大きな課題となっている。非軍事外交の視点から徹底検証をした話題の書。

三和書籍の好評図書

Sanwa co.,Ltd.

完全図解　知的財産検定2級

知財検定研究会著　A5版　並製本　定価：1,890円

●現在、「知的財産（財産的な価値を有する無体物）」に関する権利が注目を集めています。
　知的財産権はいまや、技術や研究開発、法務部門だけでなく、広報、企画、営業といった幅広い部門で必要とされる知識といえます。知的財産検定では、過去実際におこった事例を元にした実務的な問題が出題されます。
　本書はカリキュラムにしたがって学習を続けると、知的財産権に関する知識を満遍なく習得できる最適の入門書です。目指せ、知的財産検定2級合格！

知って得する年金・税金・雇用・健康保険の基礎知識
──「自己責任」時代を生き抜く知恵

榎本 恵一・渡辺 峰男・吉田 幸司著　A5 並製本　定価：2,100円

●この本は、皆さんの人生の中で知っていれば得をする年金、健康保険や税金、それに雇用の制度の代表的なものを、できるだけ分かりやすく解説しようと試みたものです。年金、健康保険、税金、雇用、それぞれの分野の専門家が自分の専門分野の事柄について解説をしています。この本を読めば、知らない方が悪いなどと言われることもなく、持っていかれるだけと思っていた年金、健康保険、税金への考え方も変わることでしょう。「自己責任」時代の必読書です。